平和の夢に支配された日本人の悲劇

「ダチョウの平和」をむさぼるなかれ

ケント・ギルバート

Booklet Liberty 11
自由社

はじめに

現在の日本は平和だと思いますか？　正直に言うと、私は平和という言葉が好きではありません。もちろんこれは、私が平和を望まないという意味ではありません。平和という言葉が、日本人を思考停止させるマジックワードとして、一皮むけば暴力的かつ偽善的で、胡散臭い人々に利用されている現状が我慢ならないのです。

そもそも平和には定義がありません。だから、みんなが自分の主観だけで、平和かどうかを決めています。「日本は平和だ」と考えている日本人は、圧倒的に多いと思います。しかし、あなたがもし北朝鮮による拉致被害者のご家族だったなら、あるいはオウム真理教による地下鉄サリン事件の犠牲者のご遺族だったなら、「日本は平和だ」などとは、口が裂けても言えないはずです。

日本は一見すると平和な国のようですが、その平和は穴だらけなのです。そして、日本の平和にたくさんの穴が開いた大きな原因が、戦後に制定された日本国憲法の前文と9条にあることは、疑念の余地がありません。

日本国憲法の正体は、アメリカの平和を守るために、強敵だった日本から武力を奪ったペナルティです。アメリカ人の法律家として断言しますが、日本国憲法は、「アメリカの平和のための平和憲法」であって、「日本の平和のための平和憲法」ではありません。これは多少の教養を備えたアメリカ人であれば常識です。

あらかじめ最悪の事態を想定し、十分それに備えるのが安全保障の基本です。しかし、日本にそれをさせないよう憲法で縛ったのが、前文であり9条なのです。ところが憲法9条が大好きな自称「平和を愛する人たち」は、この歴史的事実を認めない。洗脳教育を施されたからです。そうでなければ、日本という祖国が敵に攻撃される事態をまったく想定しない日本人など、生まれるはずがありません。

北朝鮮が核実験やミサイル実験を繰り返し、中国が尖閣諸島周辺で領海侵犯を繰り返しても、自称「平和を愛する人たち」は見て見ぬふりをします。長年施された深い洗脳が解けない限り、自分たちの主張や態度が無責任だとは気付きません。

マスメディアは本来、国防に必要な情報を国民に伝える役割を負っています。ところが日本のメディアは全然この仕事をしない。もはや意図的としか思えません。中国公船による尖閣諸島の領海侵犯を報じる全国紙は産経新聞くらいです。また沖縄についても、米軍基地反対派の暴力行為や私的検問の違法性を報じようとはしません。

日本のマスメディアの態度に喜ぶのは、中国と北朝鮮、韓国といった日本に敵対的な国々です。彼らはどの国のために仕事をしているのでしょうか。

本書を通じて、日本に蔓延《はびこ》る「偽りの平和」に気付く人が一人でも増えたなら、著者として望外の喜びです。

二〇一七年八月

ケント・ギルバート

平和の夢に支配された日本人の悲劇
「ダチョウの平和」をむさぼるなかれ

目次

1 「ダチョウの平和」をむさぼるなかれ

ダチョウの平和＝ダチョウは身に危険が迫ったら、頭を砂に埋めてその危険を見ないようにして、やりすごせるつもりでいる…寓話的比喩。

戦力があるから、戦争に巻き込まれる

日本で、安全保障、防衛の話を聞いていて、腰を抜かさんばかりに驚くことがあります。それは、「戦力を持つから戦争に巻き込まれる」という、世界の常識とは正反対の理解不能な主張が、朝日新聞はじめとするリベラル系のマスコミや、共産党や社民党など左派政党の主張で、「正論」としてまかり通っていることです。そして多くの日本人が、それを「理想論」として語ります。

そこには根拠のない「予想」や「希望」があるだけで、主張の中に「論理性」や「客観的証拠」などは一切存在しない。アメリカ人の私にはナンセンスとしか思えない主張を、多くの日本人はどうして恥ずかしげもなく、真顔で言えるのでしょうか。彼らが詐欺師なのか、詐欺被害者なのかは知りませんが、いずれにしても言っていることは滅茶苦茶です。

しかし、この全く「謎」としか思えない主張や態度について、原因を解明する価値があるはずだと、私は思い直しました。実は日本人特有の国民性の秘密が、この辺にありそうだからです。

戦前の日本を全否定する左翼系の人たちは、「護憲こそ日本の平和、ひいては世界の平和。違憲である自衛隊をなくそう」と、世論をリードしています。彼らは、日本を「戦力を放棄した、非武装の丸腰国家にする」という明確な意図を持って「護憲運動」をしています。確信犯です。「戦力をもたない丸腰国家になることこそ、日本が永久に平和でいられる道」と無責任に言い張っている。それで、アメリカが日本に」押し付けた憲法9条2項*（戦力放棄）を、錦

＊日本国憲法9条第2項　前項の目的を達するため、陸海空軍その他の戦力は、これを保持しない。国の交戦権は、これを認めない。

の御旗のように掲げています。彼らの主張は非常識な嘘ですが、それに乗ってしまう感性が、日本人の国民性の中にあるのだと思います。

これが、私にはホントに信じられない。

北朝鮮や、中国など危険極まりない隣国が、核実験やミサイル実験、海洋侵略を繰り返しているという、今ここにある危機をなぜ多くの日本人が直視しないのでしょうか。総理大臣まで務めた鳩山由紀夫さんは古くからの知り合いですが、講演会で「中国は脅威ではない！」と言い張っているそうです。周辺諸国に侵略を繰り返してきた中国の、どこを見たらそんなことを言えるのか、具体的な根拠を示してくださいよ。あるはずないけど。

鳩山さんも彼を信じる人たちも、正に「ダチョウの平和」状態ではないですか。

日本は弱いままでいれば外国から攻められない。毒蛇はなまじ毒をもっているから殺される。軍備のない無害な国でいれば、侵略しようとする国も出て来ない。第一、資源のない狭い国土の日本を占領しても、メリットなんて何もないでしょう、と言い張る人々もいます。

全く、何を言っているんですか。日本ほど魅力的な国土は滅多にないでしょうに。こんなに素晴らしい国土をそっくり手に入れられたら、中国共産党の幹部は歓喜しますよ。

地政学的に優位になる上、教育程度が高く、礼儀正しくて素直で、世界トップクラスの知能と技術を持った勤勉な国民がいて、発達した経済、整ったインフラ、四季の風景は美しいし、温泉はあるし、食べ物はうまいし……。

日本には本当に何だってある、ものすごく恵まれた豊かな国です。そんな自分たちの国を何だと思ってるんですか。

資源といえば、原油のような天然資源しか思い浮かばない人たちなんでしょうね。はっきり言うけど、頭が悪すぎます。人間もインフラも経済も科学技術も、世界に稀な春夏秋冬の四季を持つ美しい国土も、全てが日本という国の資源です。あらゆる国が羨望の眼差しで手に入れたい資源です。

さて、「軍事力を持っているから戦争に巻き込まれる」という議論は、「軍事力を持っていれば、日米同盟という絆があるから、アメリカが武力行使を要請してきたら断りきれない」という仮説を根拠にしています。軍事力があればアメリカとの同盟に従って、どこにでも行って戦わなければならないのだと。だから、丸腰の方が戦争に駆り出される危険を回避できるのだと。

あのね。日本はアメリカの属国ですか？　アメリカの命令には全部従えと、憲法に書いてありますか？　日本国民が選挙を通じて自分たちの代表者を選んでいるというのに、日本の政府や国会は、国民の意見を無視して、何でもアメリカの言う通りにしなければならないのですか？　もしそんな政府だったなら、政権交代させればいいじゃないですか。「巻き込まれ論」は、属国根性から出てきた考え方です。

学校の先生の中には、「平和憲法」を心底賛美して、「軍事力を持つから戦争に巻き込まれる」という自論を生徒に押しつける人が結構いるようです。そういう授業を受けた記憶がある日本人はかなり多いと思います。先生が熱意をもって語れば、多くの生徒に「護憲論」が刷り込まれてしまいます。心が柔らかい時代に刷り込まれた考え方は、人生を強く縛ります。中にはその考え方しかできなくなる人もいます。これを「洗脳」と言います。

日教組は「護憲教育」を、数十年間積み重ねてきました。これが日本人の間に「丸腰国家理想論」が根付いている一番の原因だと思います。

この理想論を夢として語るのであれば全否定はしません。しかし、現実社会に当てはめ、中国や北朝鮮などの行動を無視するのは、何事においても事実を直視する習慣を持っている人から見れば、理解不能です。というよりも、つまらない嘘に騙されるなと言いたいです。あなた方が騙されることで、中国や北朝鮮が得をするという現実を、よく見つめなさいと言いたいです。

例えば、湾岸戦争のきっかけはイラクによるクウェート侵攻でした。当時、フセイン大統領下のイラクが強大な軍事力を持っていたのに対し、クウェートは貧弱な軍事力しかなかった。「丸腰国家理想論」に基づけば、軍事力をほとんど持っていないクウェートは戦争に巻き込まれないはずです。現実はどうだったか直視しましょう。1990年8月、クウェートはわずか1週間で全土をイラク軍に制圧されてしまいました。

仮に、クウェートも十分な軍事力を持っていたら、クウェートは逆に、イラクを攻撃したでしょうか。しませんよ。なぜならイラクも十分な軍事力を持っていたからです。お互いに十分な軍事力を持っていると、戦争が泥沼化することは最初から明らかです。そんな戦争をわざわざ仕掛ける国などないのです。

だから戦争に巻き込まれないためには、抑止力としてできるだけ強い軍事力を持った方がいいに決まっている。恐喝と同じです。チンピラはケンカが弱い人間から狙います。格闘技の達人から恐喝しようとは誰も思いません。

先の大東亜戦争で、アメリカが日本に原爆を投下しましたが、もし日本が原爆を一発でも持っていて、報復攻撃が物理的に可能だったら投下しなかったはずです。

北朝鮮は、日米韓はじめ、世界中から核開発を非難されても、断固として核を放棄しません。トランプ大統領はカンカンに腹をたてていますが、アメリカは今のところ、北朝鮮に対して軍事行動を起こしていません。攻撃を始めたとたん、日本、韓国にミサイルが飛んできて、未曾有の被害が生じるのが明らかだからです。それでも軍事行動を起こすとすれば、トランプ大統領は狂気の人といわれるでしょう。もちろん、それを覚悟の上で軍事行動を起こす可能性もゼロではありません。米朝関係は大変緊迫した状態になっています。

一方の金正恩《キムジョウン》朝鮮労働党委員長にとって、核兵器とＩＣＢＭ（大陸間弾道ミサイル）の放棄は、「丸腰国家」になるに等しいことであり、金王朝という独裁体制の崩壊と、自らの死に直結していると本人は考えています。彼は死ぬまで核にしがみつくでしょう。

アメリカは、ロシアと中国にも、対北経済制裁の協力を要請していますが、ロシアと中国は前文科省次官の前川喜平氏が座右の銘だと言い放った「面従腹背」の状態です。今後も陰に陽に北朝鮮を支え続けるでしょう。三国間の歴史的な因縁はさておいて、ロシアと中国にとって真の敵はアメリカ、そして北朝鮮はアメリカの敵、すなわち敵の敵は味方、ということです。韓国は、親北の文在寅大統領を戴く国ですから、これまた面従腹背。のらりくらりとアメリカの要請をくぐりぬける対北宥和政策を模索し続けるでしょう。

金正恩氏はいずれ核を背景に、アメリカに強引な交渉をもちかけてくるのは明らかです。アメリカは、北朝鮮に攻撃を仕掛けてこられないと、タカをくくっています。オバマ氏のときはそれが大当たりだった。でも、トランプ氏は何をやるか分かりません。他の人にはできないことをやるのが大好きな人ですからね。トランプ大統領の堪忍袋の緒が切れたら、金正恩氏は終わりです。

「正論派」は、「核問題も拉致問題も、外交努力つまり話し合いで解決せよ、できるはず」と、正に正論?を述べますが、では誰が北朝鮮に行って、金正恩氏と話し合い、説得できるというのですか? トランプ大統領に、「北朝鮮への軍事的脅迫を止めて、〝外交努力〟で平和的解決を図れ」と提言する？　そんなことをしたら、大統領にツイッターで嘲笑されるのは間違いないでしょう。

「話し合い」をやれるものなら、やってみせてくださいよ。日本人に向かって大声で「正論」を叫んでも、金正恩氏の耳には届きません。「口だけ番長」の正論派は、一生に一度くらい、現実社会で成果を出してほしいものです。

永世中立国スイスみたいになりたい？

「丸腰国家理想論」の人たちが、スイスをよく持ち出します。スイスはずっと中立政策を守り、どこも攻めないし、どこからも攻められていないじゃないかと。日本人にはこの国が大好きという人が多いですね。

でもスイスは、強大な軍事力を持っている軍事大国です。国民皆兵をモットーにしている、徴兵制の国です。女性は志願制です。徴兵期間を終えた国民は全員が予備役兵となり、武器を支給されています。少し前までは、地下核シェルターの完備が家を建てる際の必須条件でした。

国境にかかる橋にはすべて爆破装置が仕掛けられています。国土防衛に関しては、ハリネズミ状態の国です。１８１５年に第二次パリ条約で永世中立国を宣言して以来、スイスが２００余年間もどこからも侵略されないのは、全国民の必死の覚悟と、防衛力向上の不断の努力の成果です。

戦力の永久放棄をうたう「外国の平和のための平和憲法」を70年余も守っている日本に、スイスの真似ができるでしょうか？

スイス人に「丸腰国家理想論」を説いたら、彼らがどう受け止めるか、私は想像するだに怖ろしい。完膚なきまでに論破されることは確実です。「頭がおかしい人」と思われて、最初から相手にされない可能性もあります。

中米にコスタリカという国があります。人口５００万人弱、国土面積は日本の13％くらいの小さな国です。コーヒー、バナナが伝統的な輸出品です。１９８３年に「コスタリカの永世的、積極的・非武装的中立に関する大統領宣言」を発し、翌年、常備軍を廃止する憲法を成立させ、軍隊を持たない国となりました。ラテンアメリカ諸国で多発していた、軍事クーデターの防止が主な目的でした。「丸腰国家理想論」主張者のユートピアに見えます。

ただし、コスタリカは重火器を持つ、強大な武装警察を持っています。さらにアメリカとがっちり同盟を結んでいて、イラク戦争にも行っています。クーデターを防止するために軍隊を持たないという事情であって、国防を放棄しようとしたわけでは決してありません。有事の際は、徴兵すると憲法に記してあります。自国の平和は自国の力で守るという精神は、スイスと同じです。

他にも人口40数万人の、ヨーロッパの小国であるルクセンブルグは、NATO（北大西洋条約機構）を通じ、アメリカとの間で対等な攻守条約を結んでいます。自国の平和は、自国の力で守るという精神は、スイスと同じです。

日本の左翼の常識は世界の非常識

日本人の国民性に、長い物には巻かれよというか、勢力のある方に従った方が得策とするような部分、「あんたが大将だ」って決めたらもう、それに従ってしまうという性質がある気がします。一致団結して全面的に従ってしまう。終戦直後、「日本は戦争に負けた。今後はアメリカが大将だ」と、そう思ってしまったんでしょうか。アメリカが押し付けた憲法に戦力の放棄と書いてあるから、もうそうするしかないって、素直に体に入ってしまった感じがます。戦前生まれの人たちは、戦争で負けたアメリカに守ってもらうなんて、恥ずかしくて悔しかった。でも、戦後生まれがどんどん増えるうちに、いつの間にかそんな恥ずかしい状況に慣らされてしまった。教育とメディアが「これでいいのだ」と言い続けた影響は大きいでしょう。方向性が一度決まってしまうと、そこからの修正がすごく苦手な日本人の国民性は、70年以上アメリカ製の憲法を変えずにきた国状に、如実に表れているように思います。

しかし、アメリカの大将である現在の最高権力者、トランプ大統領が日本に、「国防は自力でやりなさい」と言ったのです。オバマ氏時代からその傾向は始まっており、それを理解した安倍首相は安保法制を整備した。新しい方向性をマスコミは驚きをもって報道しましたが、自分の国を自分で守るのは世界の常識です。日本人には非常識なのでしょうか？

湾岸戦争のとき、アメリカのジョージ・ブッシュ大統領（父）が、日本に自衛隊の派遣を要請してきた。そのときは結局、自衛隊を派遣しなかった。その代わり日本はお金を出した。

130億ドル、当時の金で1兆3千億円です。全世界が「クェートを守ろう！」と立ち上がる中で、日本はお金で済まそうとした。世界から一番バカにされる、恥ずかしいことをやってしまった。

日本の「一国平和主義」に対して、アメリカを始めとする多国籍軍を編成した国々は、「日本は、我々に便所掃除をさせる気か！」と厳しく非難しました。夫が、恋人が、息子が、友達が、血を流して戦かっているのに、日本は一滴の血も流さずに、金だけで済ませたからです。

クウェートは戦争が終わったときに、新聞にお礼の広告を出しましたが、多国籍軍の国々がリストに並ぶ中で、日本の名前は入っていませんでした。

「丸腰派」の人たち、そして、多くのマスコミと文化人は、平和憲法があるおかげで、日本人は一滴の血も流さずに済んだと胸を張っていました。自分のことしか考えない人間は、学校でも職場でも軽蔑されてのけ者になるという常識を知らないのかな？　あ、でもそれって、左翼の人の生き方そのものですね。「日本の左翼の常識は、世界の非常識」の典型的な例です。

国際的感覚の欠如は、海外で日本人が誘拐されると、身代金を積極的に出すところにもうかがえます（最近は少し状況が変わっているでしょうけど）。昔、フィリピンとか、メキシコでは、日本人が一番危なかった。日本の企業人が誘拐されると、必ずお金になると評判になってしまったので、一時期、日本人は外出もままならず、大変でした。

アメリカはもちろんのこと、諸外国は誘拐事件に対して、原則として身代金を払いません。一度でも支払えば、誘拐事件を際限なく誘発してしまうからです。日本が「人命は地球より重い」などとキレイごとを唱えてテロリストの要求に従ったり、誘拐犯に身代金を払う行為は、一国平和主義と同じく、世界の迷惑であり、日本が軽蔑される原因となっていたのです。

戦争をするか否か、決めるのは、日本だ

もちろんアメリカに対しても、日本は国益を主張する権利を持っています。ですから、アメリカがどこかと戦争を始めたとしても、日本の国益に鑑《かんが》みて、そこに参戦するかどうかは、日本政府が自主的に決めるべきものです。

ところが、日本に十分な軍事力がないからこそ、この自主性を十分に発揮できていません。自衛隊は法律でがんじがらめに縛られて、相手が攻撃してきて初めて最小限の反撃ができるという状態。もし後ろ盾にアメリカがいなければ、尖閣諸島にとっくに中国人が住み着いているでしょう。

1952年以来、韓国は竹島を実効支配していますが、日本が自衛隊を出動させて奪回することは、現行法制下では不可能です。「断固抗議する」といくら繰り返しても、馬耳東風、蛙の面に何とやらです。戦後の日本は、在日米軍と日米安保条約に守られている。これは厳然たる事実です。

だからこそ、アメリカに何を命じられても可能な範囲内で従わざるを得なくなる。要するに属国状態です。半独立国ですね。実はアメリカも長年、それで構わないと考えてきた。日本というかつての強敵が軍事的に完全復活して、アメリカに復讐することを、一番恐れていたからです。

しかし、日本がもう一度アメリカと戦争する事態は、今では考えにくい。その反面、中国や北朝鮮が脅威になってしまった。だから最近は、日本は自分でできる防衛は自分でやってくれと、自助努力を求めるようになったわけです。本来、国際関係で人頼みは成立しません。自助努力をしない国を、アメリカは救いません。特殊な日米関係が通用する時代は、もう終わったのです。軍事的な意味でも「もはや戦後ではない」のです。

ノーと言えない日本人

日本人には、断りきれないという、国民性があります。なかなか、はっきりとノーと言えない。だから、「買わされた」という言い方をよくします。欲しくはなかったけれど、他人からの強いプッシュに抗しきれなかった。買わないという選択肢がある中で、自分自身が買うという決定をしたのに、その責任を他者に転嫁して、周囲の共感を集めることで自己正当化する方法です。

そこから、「なまじお金があるから、欲しくもないものを買わされてしまうんだ」とか、「お金がなければ、買わずに済んだのに」「キャッチセールスに巻き込まれなかったのに」などと、妙な方向に議論が進展する人がいる。論理的に矛盾していても、「そうそう、私もそう思う」などと、多数の共感を得た主張は、正論であるかのように扱われてしまう。「軍事力を持つと戦争に巻き込まれる」論は、これらと相似形の考え方です。

この話がいかに論理的に矛盾しているのか、別の例えで言えば、「鍵をかけるから泥棒が入る」とか「消火器を置くと火事が起きる」といった発想、あるいは「痴漢防止スプレーを持っていると痴漢に遭う」「警察があるから犯罪が生まれる」…と全く同じ。おかしいですよね。でも、無条件の反戦主義者などは、論理矛盾に気がつかない。またそれに納得してついて行っちゃう日本人がいる。はっきり言うと、自分自身の大脳を活用して物事を深く考える習慣がない人たちです。面倒くさがりなんだと思います。今まで正しいと信じていたことは、今後も絶対に正しいことにしたい。そんな願望が潜在意識にある。偉い肩書きの人の主張は常に正しいとか、テレビや新聞が嘘を報じるはずがないと思い込んでいる。だから彼らは矛盾を指摘されると、一瞬で「思考停止」するのです。

9条のある日本を侵略したら、世界の世論が許さない…？

「世界の世論が許さない」って、「世界」とはどこのこと？　どこにあるの？　まさか国連のこと？

とんでもありません。勘違いも甚だしいとはこのことです。

第二次世界大戦の終結後、中国共産党の人民解放軍が、ウイグルやチベット、内モンゴルを侵略しましたが、それを阻止した国は一つもありませんでした。

また、イスラエルが、パレスチナに居座り、領土を拡張しても、それを阻止できる国は一つもありませんでした。

「国際紛争こそが、国連の出番ではないか！」と「正論派」は言います。

ところが、そもそも国連は、安全保障理事会の常任理事国であるアメリカ、イギリス、フランス、ロシア（かつてソビエト連邦）、中国（かつて中華民国）の5カ国が、全員一致で賛成しないと、決定を下せません。しかし、西欧3国とロシア、中華人民共和国は必ずといっていいほど利害が相反するので、国際紛争が生じても、有効な決定を下せないのです。意見が一致したのは湾岸戦争のときと、ごく最近の北朝鮮への経済制裁くらいです。

「それは悪いことです。してはいけません！」と、「国際社会」なるものが侵略国家の非をどんなに打ち鳴らしたり、厳しく警告してみても、現実《リアル》の世界はいささかも動きません。

国連は、話し合いにより紛争解決を図る場なのか?

そもそも国連の正式名称〝the United Nations〟は、第2次世界大戦時の「連合国」を指し、戦勝国による、戦勝国のための、戦後世界管理機構です。原加盟国は、いわゆる「連合国」側の51カ国(現在193カ国)でした。これを「国際連合」、通称「国連」と日本で呼ぶのは、あたかも中立的な国際機関だと思わせるための意図的な誤訳でしょう。中国語では正しく「連合国」と翻訳されています。

国連憲章の中に、敵国条項(53条)があります。第二次大戦中に連合国の敵国であった、日本、ドイツ、イタリア等が、戦争の結果確定した事項に反したり、侵略行動等を起こした場合、国連加盟国や地域安全保障機構は、安全保障理事会の許可なしで当該国に軍事制裁を科すことができるとされています。

つまり、「あらゆる紛争を国連に預ける」とした国連憲章の規定に縛られず、敵国条項に該当する「敵国」が起こした紛争に対しては、自由に軍事制裁を課することが容認されているわけです。

そして、この条文には、期限が記されていません。つまり、敵国は永久に敵国のままであり、国連には、敵国との紛争を、平和的に解決する義務はありません。有無を言わさず軍事的に叩き潰しても構わないということです。

例えば、「日本が中国領である尖閣諸島を不法占拠した」と決めつけて、中国が軍事行動に出ても、国連憲章違反にはならないということが起こり得るわけです。近年の中国の動きからは、それを狙っている印象すら受けます。

敵国条項の対象である日本が、国連の紛争解決能力に信頼を寄せている状況は、絶対に報われない片思いに似ています。国連は、中立、正義の機関ではありません。戦勝国の利権を守るための機構なのです。日本の学校ではこの事実を絶対教えないようですが、事実を知らなければ正しい対処はできません。

2 「日本国憲法第9条」は黄門様の印籠？

＊9条1項　国の主権の発動たる戦争と、武力による威嚇又は武力の行使は、他国との間の紛争の解決の手段としては、永久にこれを抛棄する。

生真面目に憲法を守る特殊な国

9条1項（戦争放棄）と同じような条項を成文憲法に持っている国は、実は、世界で160カ国近くあります。放棄する戦争は「侵略戦争だけ」というのが、この条項を解釈するときの通説です。しかし、世界では紛争や戦争がしょっちゅう起きています。どの国も国益のためなら「侵略戦争ではない」という名目で、当たり前に軍事力を行使します。生真面目に戦争放棄条項を完全に守っている（縛られている）特殊な国は、日本だけといっていいでしょう。

そもそも「これは侵略戦争です」と宣言して戦争を始める国はありません。「自国を守るため」とか「隣国との紛争を解決するため」という大義名分の下で軍事力を行使するのです。つまり、国際社会では9条1項（戦争放棄）は、ほぼ意味をなさないのです。理想を成文化するのはまあいいとしても、だからといって世界は戦争をやらないわけでは全然ないのです。

他国から戦争を仕掛けられることについて、何の対策や工夫もせず、万一に備える努力もせずに、「日本には憲法9条があるから攻めてくる国はない」などと主張するのは、もはやエセ宗教の世界です。「腹黒い教祖」が「純真無垢な信者たち」にないものを信じさせている世界です。

キリスト教でよく問題になるのが、イエス・キリストに強い信仰を持っていれば、試練に遭わないと考える人たちです。聖書を毎日読んでいれば、毎日祈っていれば、そして私が所属するモルモン教の場合は、教会に収入の十分の一を献金していれば、宗教的に禁止されているコーヒー、酒、たばこを飲まなければ、人生で苦難に遭わないと、信じ込む人がいる。

戒律を守ることによって、祝福を受ける、ということはあるかもしれないけれど、絶対に災害に遭わないとはいえません。病気にならないとも限らない。宗教とは、現実社会における生き方の指針にすべきものであって、どれほど熱心に信仰していても、自分が望んだとおりの現世利益が保障される類いのものではありません。

「憲法9条があれば、日本は永久に平和だ」と主張する護憲派は、宗教教義的な理想論に縛られるあまり、現実社会が見えていないとしか言えません。

田中美知太郎という高名な哲学者が「憲法で平和を守れるというんだったら、憲法に『台風は日本に来てはならない』と書けば、日本は台風の被害に遭わなくてすむ」と言いました。そういうことです。病気を「憲法違反」にすればいいとか、泥棒も詐欺も憲法違反と書けばいなくなるとか、そういった類の筋の悪い幻想《ファンタジー》です。いい大人が真面目な顔で語るような話ではありません。

自分のコントロールが及ばないことに関しては、対策を準備しないと駄目なんです。伝染病を禁止するのではなくて、日頃から衛生管理に努めたり、予防接種を受ければいい。その他の病気も、健康管理をきちんとすることが大事。個人はもちろん、国の場合も同じです。大切なのは自己管理能力です。台風は憲法で禁止してもやってきますから、沖縄のように、台風に耐えられる工夫を建物に施せばいいのです。

九州では毎年、台風が来るたびに大きな被害が出ます。これに対し沖縄はびくともしない、とまではいえないけど、致命的な被害は滅多に出ない。建物が低くて、しかも石の壁で家を囲ってあって、堅牢だからです。最悪の事態に備えて、対策をきちんと講じているわけです。国防も同じことです。

護憲派は、人類愛に燃えるヒューマニストなのか

そうすると、私のような改憲派は、好戦的で国を滅ぼす、アンチヒューマニスト《反人道主義者》である、ということでしょうか。

アメリカでも、メディアが同じようなことを言っています。民主党（リベラル系）はヒューマニスト《人道主義者》であって、共和党（保守系）は、アンチヒューマニストであると。

日本と良く似ていて、アメリカも大手メディアの大半が民主党びいきだから、マスコミ情報に流される大衆は、いつの間にかそれを信じています。日本でもそうでしょう、安倍内閣は好戦的で、いつか国を滅ぼすのではないかと案じている人は大勢います。そう印象づけるように新聞紙面を、テレビ局は映像を作るからです。

これは、「レッテル貼り」という左派の常套手段。昔からの超原始的な、幼稚なプロパガンダ手法です。ところが、レッテル貼りというのは、すごく効果的です。プロパガンダとして原始的だからこそ、とても効果的なんです。

国際世論でクリミアは、ウクライナに戻る？

中国に、尖閣諸島だけでなく沖縄本島まで奪われてしまったとしましょう。９条があっても、世界の世論が非難しても、尖閣も沖縄も絶対に戻ってきません。それはウクライナを見れば分かります。

２０１４（平成26）年、ウクライナ国内の騒乱に乗じてロシアはウクライナのクリミア半島を自国に統合してしまいました。住民投票の結果という形をとっていましたが、事実上の武力統合です。当然、世界中の世論はこれを許しませんでした。特にアメリカなど西側諸国は、ロシアに経済制裁を行い、G8から除外するなどして反発しました。が、それでクリミアはウクライナに戻ったでしょうか。武力で取り返さない限り、二度とは戻りませんよ。

中国が侵略したチベットも、ウイグルや内モンゴルも、国際世論がワーワー言っているだけでは、二度と独立を取り戻せません。チベットは平和な国だったのですが、中国の武力侵攻の前になすすべはありませんでした。

中国が他国領の岩礁を次々に軍事基地化している南シナ海も、恐らく元の形には戻らないでしょう。国際世論の力なんて、その程度のものなのです。

世論は権力が作り出すものである

第二次世界大戦前の国際世論は、「日本は野蛮な国で、千年前からいつも戦争をしたい民族だった」というものでした。もちろん事実ではなく、米国や中国（蒋介石率いる中華民国）などによって作られたデマゴーグでありプロパガンダでした。

そもそも、世論とは大衆の声ではないのです。権力者が都合よく作りだし、大衆を操る道具なのです。日米開戦前、当時のアメリカ国民は、どこの国との戦争にも反対でした。外国に出かけてまで戦争はしないというのが、第一次世界大戦に懲りたアメリカ大衆の声（内向き指向）だったのです。それでも戦争を始めたかったフランクリン・ルーズベルト大統領は、中国の蔣介石政府の反日キャンペーンなども利用して、世論操作を行いました。

アメリカは、対日経済封鎖や石油輸出禁止等で、座していれば死を待つのみという極限状態にまで日本を追い詰めました。それで日本はついに日米開戦に踏み切りました。「軍国主義だったから日米開戦というアホな道に進んでしまった」というのは、戦後に因果関係を逆転して作られたストーリーです。アメリカに、じわじわ追い詰められて、止むに止まれず、日本は起死回生の一手に出た。これが日米開戦の真実です。

ところが、真珠湾攻撃の際、外交官の不手際で宣戦布告が攻撃の後になってしまいました。すかさずアメリカは「宣戦布告なしに攻撃してきたずるい国」と叫び立て、「リメンバー・パールハーバー」キャンペーンで、世論を「反日」に導いた。米国民は戦争をしたくなかったのに、親中派のルーズベルト大統領や、蒋介石の妻である宋美齢たちのプロパガンダにより、日本に対する誤解をたっぷり持っていたという下地があった。そこに真珠湾攻撃という強い刺激を与えられて、「日本を討つべし」にコロッと変わってしまった。権力者が世論を操作して利用したのです。

これは、世論なんてものは、プロパガンダによって、いくらでも作られるという証明です。当時のアメリカは、大統領自らが世論操作をしましたが、今の日本では、マスコミが自分たちの思惑で世論操作をしています。朝日新聞の「従軍慰安婦」プロパガンダの場合は、結局嘘がバレて、朝日は、謝罪と記事取消を紙上で告知しました。しかし、世界に流れ出た毒は消えません。その毒に当たって形作られた韓国の慰安婦像をめぐる反日世論は、日本から見れば根拠がなく、馬鹿馬鹿しい限りですが、世論とはそのレベルのものです。客観的事実よりも、人々の印象や感情に基づいて形成されます。

最初は戦争を支持する米世論

日本が尖閣諸島を中国に取られたら、そのために戦争をすべきだという世論が、アメリカで起きるでしょうか。

尖閣諸島に関して、アメリカ政府は日米安保条約の第5条（共同の危険への対処）は適用されると言明しているから、米軍は奪回戦争をするかもしれません。アメリカの世論は最初のうちは多分、支持するでしょう。アメリカが戦争を始めると、マスコミは戦争が好きだから、先ずは支持するのです。面白いことに、アメリカのほとんどの戦争は、民主党（リベラル系）が始めています。そして、ほとんどのマスコミが民主党を支持していますから、世論の大勢は戦争支持になります。

共和党（保守系）は、不干渉主義が主流ですから、戦争を始めるのは大体いつも民主党でした。共和党が始めたのは湾岸戦争くらいです。このときは、民主党も戦争を支持しました。ただし、アメリカ国民は本心では戦争をしたくないと思っています。ですから、ベトナム戦争が正にそうでしたが、長引くと、「もうやめろ」という世論に変わります。

１９５０年６月25日に始まった朝鮮戦争のときは、３年たっても決着がつかず、アメリカの世論はそれ以上の戦争継続を許さなかった。国連軍総司令官だったダグラス・マッカーサーはもっと戦争を続けたかったのです。彼の戦略は、北朝鮮の味方をした中国の領土内まで攻めていくというものでした。それを成功させるために原爆を何発も落とす無茶な作戦でした。非現実的な戦略だったので、トルーマン大統領は賛成しなかった。世論が支えないからもう駄目だと大統領は判断し、三八度線での休戦に応じました。以来、朝鮮半島は南北分断が固定化されたのです。そして、いまだに休戦状態は継続しています。

いずれにせよ世論というのは、それほど変わりやすいものなのです。

人殺しは、するのもされるのも絶対に嫌　だから絶対に戦争反対

全く、「あったり前じゃん、何言ってるんだよ！」と思いますね。「戦争反対！」という声に、反対する人はいないでしょう。

クーデターや暗殺に怯えて、周囲の人間をかたっぱしから粛清している北朝鮮のあの彼だっ

て、アメリカや日本と戦争したいわけじゃないでしょう。自分を守るためには体制維持が必須の条件。だからこそ、核兵器とＩＣＢＭを黄門様の印籠のようにアメリカにかざして、目一杯背伸びして、譲歩を引き出そうとしている。

もし戦争になり、人殺しをしなければならないのならば、私は進んで殺される、または、逃げる、という人もいますね。文化人がテレビで言っているのを見たことがあります。カッコいいヒューマニスト？　いえ、究極の自己中人間です。

どこに逃げるというのでしょう。家族を連れて、食うや食わずの逃亡生活をするつもりですか？　それとも外国に逃げるの？　その間、祖国の日本人同胞が虐待、虐殺、飢餓など塗炭の苦しみを味わっていても、何も感じないの？

「殺すくらいなら進んで殺される」っていうのは、敵が自分をあっさりと殺してくれる、と思っているから言える話です。現・北京市通州区で１９３７（昭和12）年7月に起きた「通州事件」（自由社刊）の記録を読んでから言ってほしいですね。目の前で、妻や恋人、愛娘が強姦されて、いたぶられて、想像を絶する残虐さで殺される…。それを全部見せつけられた後に、簡単には絶命しない方法で、痛みや苦しみだけでなく、最大の屈辱を味わいながら、もちろん自殺できないようにした上で、じわじわと殺される。中国には人権なんて概念すらないに等しいから、人民解放軍は現代でも平気でやりますよ。

国家があるからこそ、国民が守られている、というのは当たり前すぎる常識です。「安倍政権は国家を守ろうとして、国民を守ろうとしていない」という左派勢力のキャンペーンは、最初から論理が破綻しています。国家を守ることと国民を守ることは、同じ意味です。

では、悪意を隠さない隣国や国家弱体化を目指す反日勢力から国家を守るために、国民は何をしなければならないか。まずは国民をしっかり守り、正しくリードしてくれる政府を選ばなくてはなりません。ナチのような邪悪な政府を選んでしまったドイツの例もあります。国民投票で「風」に流されてEU離脱を選んでしまい、多くの国民が後悔しているイギリスの例もあります。ちなみに個人的には離脱支持派ですけどね。

民族としての賢さが最も発揮されなければならない場面が、選挙だと思います。そのためには正しい情報と正しい判断力が必要です。しかし残念ながら、今の日本では、正しい判断力を養う教育が行われていないし、ＮＨＫを筆頭に、多くのマスコミは日本国民に正しい情報を全く提供していません。

「憲法第9条は、世界に誇るべき崇高な憲法である」
――崇高な文章だけなら私にも書ける

９条の１項（戦争の放棄）に関しては、前述のとおり今では世界の１６０近くの国が同じようなことを憲法に書いています。日本国憲法はその走りだから、「崇高な憲法」と言えるかもしれないけれど、「世界に平和をもたらす」というのは大ウソとしか言えない。戦争は全然なくなっていない。ＮＰＴ（核拡散防止条約）一つとっても全く実現していない。言うのは簡単なんです、理想を言うのはね。

まずは自分から実践してみなさいという話です。自分の家に鍵をかけずに、「玄関に鍵はかかっていません。あなたは侵入しないと信じています」って宣言してみなさいと。そういうことです。隣人の信義を信じて、皆さん、家の鍵はかけずにおきましょう…?? ５００人の村人全員がそれを実践しても、隣村から泥棒が一人やってきたらユートピアは崩壊です。

もし崇高な文章が欲しければ、有料になりますが、眩しすぎて眼が潰れるほど崇高な文章を私が書いてみせますよ。ただし、その崇高な文章が、崇高な効果を発揮できるとは、全く思いませんけどね。

「日本の憲法はアメリカが作った」と副大統領が言った

オバマ政権のジョー・バイデン副大統領は2016年8月15日、ペンシルベニア州での演説で、共和党の大統領候補ドナルド・トランプ氏による日本の核武装容認発言を批判して語りました。「核武装を禁止した日本国憲法を我々が書いたことを、彼は理解していないのではないか。彼は学校で習わなかったのか」。これ、日本の護憲派の人々に対しても言ってほしかった。彼らが金科玉条とする「憲法9条」が、アメリカ製の押し付け憲法であったことを、当時現職だった政権ナンバー2がポロリと言ってしまったのです。日本でも保守派にはすでに常識の事実ではありますけどね。そしてアメリカの知識層にとっては「常識中の常識」ということです。そもそも日本国憲法の原文は英語であり、その翻訳文が現憲法なのです。

護憲派は「日本国憲法制定に至るまでのすべての手続きは帝国憲法改正の手続きに厳密に基づいている」と反論しますが、占領政策はすべて日本政府が自主的に行ったかたちにもっていくという「二人羽織作戦」をＧＨＱがとっていたことは、多くの資料によりとっくに明らかにされていることなんですけどね。当時の国会議員は、もしＧＨＱの意向に従わなければ、すぐに公職追放か戦犯指定され、政治生命はもちろん、下手すると生物としての生命まで終わりです。ＧＨＱに従わずに済んだのは、戦時中は地下に潜っていて公職に就けなかったから、公職追放や戦犯指定される心配が絶対にない共産党員だけでした。

え、まだそんな憲法があるの？

「９条がたとえアメリカ起源の憲法であっても、ヒョウタンから駒。すばらしい憲法であることに変わりはない」と言う、護憲派もいます。

アメリカ起源の憲法でも、「すばらしい憲法には変わりないんだから守れ！」という論理ですね。いきさつは置いといて、日本国憲法の内容そのものはすばらしいんだ、という考え方です。

それがほんとにいいものであるならば、この論理はありえます。ですが、9条によって日本は守られている？　違うでしょう。

9条があるおかげでどうなったか。

まず竹島が韓国に奪われた。北朝鮮による拉致問題は解決の目途も立たない。中国とロシアの領海、領空侵犯は日常茶飯事だ。

第一、これが本当にすばらしい憲法であれば、最初にアメリカが採用していますよ。けれどもアメリカはこんな憲法、絶対に採用しないです。

私が面白いと思ったのは、それを書いた本人たち、つまりマッカーサーに指示されて一週間で草案を書いたチャールス・ケーディス次長らGHQの民政局員たちが、その後、西修氏ら日本の憲法学者たちの取材に対し答えた言葉です。「えっ、まだあるの、そんなの。これ暫定的憲法だと思っていた。何で変えないの。おかしいね」って。書いた本人たちがそう言ったのです。もともと日本を軍事的に二度と立ち上がらせないようにする、アメリカのための憲法なのです。占領終了後は、日本のための憲法にさっさと改正すればよかったんです。

1951年、講和条約締結交渉で来日した国務長官顧問のジョン・フォスター・ダレス氏も、当時の吉田茂首相に「いつまで憲法にこだわっているんだ」と、再軍備を求めました。後日談ですが、吉田氏は、「アメリカを日本の番犬にする。しかもエサ付きだ」と周囲に嘯《うそぶ》いて、断った。しかし首相引退後、実はいつかは変えねばと思っていたと、本音を吐露しています。吉田氏は制定時にも、「新憲法、棚の達磨《だるま》も顔赤し」という川柳を書きました。こんな憲法では恥ずかしいという意味です。あとでこの句を破棄してほしいと望んだのは、マッカーサーにバレたら確実に公職追放されると理解していたからでしょう。

朝鮮にも、ベトナムにも、行かずにすんだのは…

9条でいいことがあったとしたら、押しつけたアメリカが日本の重要性を理解して、ずっと日本を守ってくれたこと。あと、朝鮮戦争のときの日本は、掃海艇の事故で一人だけ戦死しましたが、兵隊は派遣せずにすみ、特需景気を享受できました。ベトナム戦争にも行ってない。

二つの戦争で日本人が一人しか命を落とさずにすんだのは、憲法9条があったからです。確かに当座はいいことでした。

吉田氏は「軽武装、経済発展」が持論でした。軽武装によって経済発展に力を注ぐことができ、高度成長期を迎えることができたと、一般に言われていますが、私は疑問に思います。

軍事費が安くすんでいたのは確かだけど、その結果どういう事態が生じたでしょうか。自分で国を守れない状態になっている。竹島は失ったし、尖閣は危うい、拉致被害者は取り戻せない。北方領土も取り返せない。国土と国民を守るのは、政府の最も重要な責任であり、義務です。それを、戦後一貫して果たせていない。アメリカの陰に隠れたままです。半独立国です。

3　日本の防衛事情

「The United States of America stands behind Japan 100%.」（トランプ大統領）
「we stand firmly, 100 percent, shoulder-to-shoulder with you and the Japanese people」（J.マティス国防長官）

専守防衛は高くつく

竹田恒泰さんの講演で、面白い話がありました。自国を防衛するだけであれば軍事費は安くつくと思うのは大間違い。実は専守防衛は高くつく。自国の防衛のためには敵地を攻撃する手段を持つことが、最も安あがりなのです。北朝鮮を見れば一目瞭然。核兵器を持ったおかげで、今のところどこからも攻められないではありませんか。北朝鮮軍は核以外の装備は極めて貧弱だし、兵も弱い、ガソリンもないと言われている。核兵器は貧者の武器なのです。金正恩氏は最重要輸出品にするつもりでしょう。小型化がどこまで進んでいるのか分かりませんが、技術さえあれば核爆弾は安く簡単につくれるので、テロリストが入手しないか懸念されています。

一方、敵の攻撃から国土を守るためには、大変な軍備が必要です。THAAD（最終段階高高度地域防衛）は1基1千億円。トランプ氏に代金を請求されて、韓国は真っ青になりました。日本には現在、ミサイル防衛（MD）システムとして、イージス艦の海上配備型迎撃ミサイル（SM3）と、地上配備の地対空ミサイル「PAC3」がありますが、これにTHAADや「イージス・アショア（陸上型イージス・システム）」を加えたとしても、北朝鮮が何十発も同時にミサイルを発射したら、全部を撃ち落とすのは不可能と言われています。いくらアメリカが守ってやると言ったとしても、何発かは確実に日本に落ちる。この現実があるから、金正恩氏は、あそこまで傲慢に大国アメリカに対峙できるのです。

島国日本の防衛ラインは、すごく長い。海岸線の総延長は、英米中を上回り、世界6位の長さです。「防衛のための敵地攻撃手段」を持たない限り、海岸線すべてを防御するのはまず不可能でしょう。頼りにしてきたアメリカは、トランプ大統領が就任早々「アメリカ第一」を強調しています。アメリカ頼みの防衛政策が、永遠に続くと、無邪気に信じていていいのでしょうか。日本は過去に日英同盟を失った経験もありますよ。

ヒラリー・クリントン元国務長官が中国系から多額の政治献金を受け取っていたことはご存じだと思います。将来的に、中国とアメリカがもっと密接に結びつく可能性はゼロではありません。そうなれば、尖閣に何かあったとしてもアメリカは本気で日本を守らないですよ。戦前のアメリカは、中国と共同して、日本叩きをしたではありませんか。

条約や同盟がいかに頼りにならないか。1941年に日本はソ連と「日ソ中立条約」を結びましたが、終戦間近の45年8月8日、ソ連は一方的に条約を破棄して宣戦布告、南樺太・千島列島および満州国、朝鮮半島北部等へ侵攻しました。その結果、捕虜としてシベリアに送られ、強制労働させられた日本兵は、65万人にのぼるといわれています。

永遠の愛を誓い合った夫婦でも、相当高い確率で離婚するというのに、もともと愛も何もない国同士の同盟が永遠に続くなんて思い込むのは大間違いです。同盟とは、両国の利害が一致したときに結ばれますが、利害関係が崩れたとたん、またたく間に消滅します。

アメリカは「日本が先に」と言っている

アメリカが尖閣に関して述べたことを、よーく読んでみましょう。「The United States of America stands behind Japan 100%.」、つまり「日本の後ろについていきますよ」と述べています。「アメリカが先に行くから、日本はついてこい」では絶対にありません。日本が先に行かなければ、アメリカも行かない。「支えるよ」とか、「we stand firmly, 100 percent, shoulder-to-shoulder with you and the Japanese people（側にいるよ）」とか言っても、日本が行かない場合には、アメリカも行かないということです。

国土防衛は当然、自己責任です。戦いに行くための用意が日本にできているのかといったら、できてないですね。「自衛隊員が一人でも死ねば、私が責任をとる」と総理大臣が言っている国が、領土奪回戦争を展開できるわけがありません。アメリカがやってくれるだろうって、勝手に思い込んでいるのではないでしょうか。

4　外交とは、右手で握手、左手に棍棒

供与する利益を提示し、言うことをきかなければ軍事力の行使。
それで世界中の大国が国益を拡大してきた。

紛争はすべて話し合いで解決できるはずだ

これはね、新聞の投稿欄にこういう投稿がよく載るんですよ。まず話し合え（外交努力をせよ）って。社説でもよく言っている。

ロシアと中国も、2017年7月5日の国連安全保障理事会で、アメリカが要請する対北朝鮮の経済制裁に反対して、「話し合いで解決すべき」と言っています。これは、朝日新聞の投

稿欄が理想論として言っているのとは明らかに違い、アメリカを牽制する目的です。話し合いで北の核問題が解決するとは、両国だって小指の爪の先ほども思っていない。その真意は、アメリカに「お前たちが譲歩しろ！」と迫っているわけです。

利害が激突する国際社会の中で、日本が交渉したい、話し合いたいといくら言ったって、北朝鮮が応じるでしょうか。尖閣と日中の中間線について、話し合いで決着つけましょうと、中国に提案したらどうなるでしょうか。実際に話し合いが行われたとして、日本は主張を通せますか？　中国は話を聞きますか？

中国は、尖閣は昔から中国の領土という従来の主張から、一歩も引かないでしょう。

フィリピンは、アキノ前大統領時代、南シナ海のスカボロー礁周辺の海域を実効支配する中国に対して、国連海洋法条約に基づき、仲裁裁判の申し立てをしました。２０１６年７月、全面勝訴しましたが、中国はこの裁定を「紙くず」と言い放ち、一切認めませんでした。

習近平国家主席は、フィリピンのドゥテルテ大統領と会談した際、「フィリピンが南シナ海で領有権を主張して、天然資源採掘を実施すれば、戦争になる」と脅しました。

もしも、話し合いで全部解決できると本当に信じるのであれば、話し合いができる能力を身につけないといけない。それが日本にあるかといえば、ないです。慰安婦問題も南京虐殺も、事実関係の考証もしないで、とりあえず謝ってしまうのが、戦後の日本外交の伝統でしょ？社交辞令ならぬ謝交辞令から外交を始める日本が、中国に対して何が言えるの？「遺憾です。強く抗議します」、以上。

理想論を言う人に、言いたい。本当に全てを話し合いで解決できると考えているのなら、まずは私を説得して、意見を変えさせてみろって話ですよ。

物事全て話し合いで解決できるのであれば、国と全ての自治体は、都市計画道路用地の土地買収を、とっくの昔に全部終えていますよ。

バブル期に猛威をふるった地上げは、金と脅しが武器として使われました。話し合いなどありませんでした。

一方の手を握手に差し出し、もう一方の手に棍棒を握って、というのがアメリカに限らず外交の原則です。つまり、相手に供与する利益を提示し、言うことをきかなければ軍事力の行使。それで世界中の大国が国益を拡大してきた。古くはスペイン、ポルトガルの大航海時代に始まって、フランス、イギリス、ロシア、アメリカ、中国など、どこでもそうです。日本だってアメリカの蒸気船（黒船）に脅されたからこそ、二百年以上も続けた鎖国をやめて開国したではありませんか。

話し合いだけで解決できるのは、双方ともいい人であって、互いに性善説で臨む場合だけです。日本人同士の話し合いだったら、これが当てはまる場面もあるでしょう。あの人も本当はいい人だから、きっと分かってくれるよと。ところが日本は外交の舞台でも、性善説を前提にして、何事も正直に交渉するから、結局は負けてしまうんです。外交では、交渉過程での嘘は恥ではないし、騙された方が負け。全く身も蓋《ふた》もない真剣勝負の現場が外交です。それでは、日本も嘘をつけばいいかというと、そうではありません。正直で、相手の気持ちを思いやる国民性を変えることはできませんから。相手が嘘八百を並べる国だっていうことを十分に理解した上で話し合わなければ、絶対に負けてしまうということです。

話し合いで済むなら、それに越したことはないけど、例えば日本の国会。昨年の平和安全法制（安保法）のときも、今年のテロ等準備罪（共謀罪）のときも、民主党、共産党等の野党が、強行採決だ、と大騒ぎしました。「国会は死んだ」なんて言ってね。

マスコミも、「自民党一強の驕り」「安保法は戦争への道」「共謀罪は戦前の検閲社会に逆戻り」などと、野党と組んで、左系文化人を総動員して大キャンペーンを張りました。今や、朝日新聞、毎日新聞、東京新聞、ジャパン・タイムズを始めとする左系の新聞を読んでいる人は、安倍政権を、諸悪の根源と思い込んでいます。そう思わざるを得ないような視点で記事が書かれ、紙面が構成されています。全くフェアではありません。

これらの法案は、国家を守るために提出されたのですが、その根本意義をマスコミは「戦争法だ」「戦前と同じ検閲法だ」と詭弁を弄して否定しています。明らかな世論操作です。

私は、Facebookに書きましたよ。「戦争反対に賛成です、だから、安保法に賛成です」と。私は戦争反対です。戦争に反対しない人、いますか？　テロも怖い。何としても防ぎたい。「安保法」「共謀罪」の論点はそこでしょう。「安保法」には、①相手国の承認がなければ、自衛隊を派遣できない、②相手国の治安が維持されていて、派遣された自衛隊が戦闘に巻き込まれない、③相手国の警察や軍隊と提携できる、という3条件全てが整わなければ、自衛隊を派遣できない、というおよそ非現実的な条件がつけられているのです。大いに議論すべきです。

「共謀罪ではなくテロ等準備罪だ」というのも、つまらないレッテルの貼り替えなので、こだわりたくありません。犯罪を準備段階で取り締まることができる「共謀罪」は、２０２０年に東京オリンピック・パラリンピックを控えている日本にとって、喫緊のテーマだと思います。

ともかく、審議拒否をしたのは野党であって、国会で採決をして正規に決まった法律なのです。多数決は議会制民主主義のルールです。ルール違反などなかったにもかかわらず、「強行採決」という用語を野党や、マスコミが使うのは印象操作、世論操作です。これで「国会は死んだ」というのなら、殺した犯人は野党とマスコミであって安倍政権ではありません。

正規の手続きを踏んで決まった法律をどうしても撤廃したいのなら、もっといい法案を堂々と示して国民を説得し、次の選挙で自民党に勝てばいい。ただ批判して安倍さんのイメージを落とさせれば政権から引きずり降ろせるなどと、セコイ方法しか考えないから、民進党は批判票の受け皿になれないんですよ。

5　この隣国とどう付き合う？

国民感情が納得していないからと合意を破棄し、あらたに謝罪を要求する。慰安婦問題の再交渉を持ち出してきています。

そもそも、話し合いが全然成立しない韓国

韓国が日本に「詫《わ》びろ」と言い続ける「慰安婦」問題。

まず、１９６５年の日韓基本条約および請求権協定において、個人補償についてはすべて解決済みとなっています。

ところが、朴槿恵前大統領が、「慰安婦問題が解決しない限り日韓首脳会談は実現しない」と言い張り、韓国世論も「そうだ、そうだ」と盛り上がった。日韓基本条約の存在を知らない

わけがないのに。

もっとも、ありもしなかった「従軍慰安婦」の強制連行を、あったと信じこませる言質《げんち》を与えたのが、宮沢喜一内閣の河野洋平官房長官でした（「河野談話」1993年8月）。ですから、韓国の反日世論を盛り上げた責任の一端は日本にあります。息子である河野太郎外務大臣には、父親の大失敗を取り返してほしいですね。

「河野談話」の尻拭いで、「財団法人　女性のためのアジア平和国民基金」が、元「慰安婦」に対する、補償および女性の名誉と尊厳に関わる問題の解決を目的として、政府出資金と募金をもとに設立されました。韓国、台湾、フィリピン等で元慰安婦だと名乗り出た女性たちに、「償い金」を総理の手紙とともに届けました。（すべての償い事業が終了したとして、2007〈平成19〉年3月に解散）

以上のいきさつを、朴槿恵大統領も、韓国民もすっかり無視していました。解決済みの問題を何度でも蒸し返すのは、韓国人の特徴です。

2016年、北朝鮮はミサイルが実験を繰り返し、アメリカは危機感をつのらせていました。北を押さえ込むためには日米韓の結束が不可欠です。オバマ大統領は朴槿恵氏をホワイトハウスに招き、お説教したそうです。「北の脅威が増大しているのに、内輪もめしている場合じゃないだろう」と。会談後、オバマ大統領は「困難な歴史問題が解決されることを望みます」と厳しい口調で語りました。

アメリカの意を汲み、同年12月、アメリカが仲介に入って、両国は慰安婦問題に関する「日韓合意」を発表しました。

安倍首相は、韓国のやり方をよくご存じです。だからこそ合意の中に「最終的かつ不可逆的に解決」という文言を入れたのです。韓国が、いつまた新たな謝罪と賠償を求めてくるか分からないからです。

案の定、新大統領に就任した文在寅氏は、「日韓合意」の見直しをするという選挙公約を実行しようとしています。国民感情が納得していないからと合意を破棄し、あらたに謝罪を要求するというのが、文在寅大統領のスタンスです。慰安婦問題の再交渉を持ち出してきています。韓国民は、新大統領に喝采をおくっていますが、安倍政権は賢明にも一切無視しています。受け入れたら、多額の慰謝料を支払って正式に離婚した元妻に、毎月の生活費を重ねて払うのと同じで、際限なく要求をつきつけられ、金を払わされ続ける結果になるのは火を見るより明らかです。

合意にもとづき「すべて元慰安婦のために使われるべきもの」として、日本政府は10億円を拠出しました。元慰安婦46人中36人が、１人あたり約９７０万円を受け取りました。

合意にあたって、日本大使館と領事館前に設置された慰安婦像を撤去する約束でした。それなのに撤去どころか、韓国は国内始め世界中に設置する運動をしつこく進めています。

韓国の辞書にはきっと「約束とは＝自分の都合でいつでも破ってよいもの。拘束される必要は一切ない」と、書いてありますよ。もういい加減、「嘘つきは泥棒の始まり」といわれて育つ日本人の常識で、「嘘も上手につけば稲田千坪にも勝る」といわれて育つ韓国人に対応する愚かさに気付いてください。

離婚調停で、裁判官立ち会いのもと、男は手切れ金として10億円を支払った。女は受け取り、そのお金を使ってしまった。女は、こんなにいい金ヅルを逃してなるものかと思った。そこで、また男のもとへ押しかけた。男は立会人共々、かんかんに怒った…。

ただし世間は、性悪女に引っかかって、大げさに嘆いたり怒ったりしている男に余り同情しません。「引っかかる方がアホ」という人が結構多い。日本人は心すべきです。

話し合いがうまくいくのは、双方が問題を解決したいと思っているときだけです。お互いの利益が合ったときに話がうまくいくのであって、利害が食い違っている場合は、話し合いでは解決に至りません。

それから、世の中の人全員が問題を解決したいと思っているわけではありません。この点を勘違いしている日本人が非常に多い。慰安婦問題が解決したら、「飯のタネ」がなくなる人たちが、韓国にも日本にもいるのです。「反・嫌韓、反・嫌日、飯のタネ」と言われる所以《ゆえん》です。彼らは問題を拡大して、こじらせて、長引かせるほど儲かるのです。

これを、被害者ビジネスといいます。

日本の「プロ市民」も、同じ穴の何とやらです。東日本大震災や熊本大地震のとき、必死に救助活動をする自衛隊員に向かって「人殺しは帰れ」というコールをして、地元民やボランティアの人たちに毛嫌いされたのも「プロ市民」です。彼らは組織から日当をもらって各地の反日デモに出勤します。商売としてデモ活動をやっています。

韓国が、竹島を自国領であるとして実効支配している問題

島根県の沖合にある竹島は、1952年から韓国が実効支配していて、武装警察が常駐しています。

竹島は、1952年4月28日発効の「サンフランシスコ平和条約」で、日本領である事が決定しました。条約調印は前年の1951年9月8日です。

ところが、1952（昭和27）年1月、韓国大統領・李承晩《りしょうばん》が、日本海、東シナ海に水域境界線「李承晩ライン」を勝手に設定し、ラインの内側にある竹島は韓国の領土であるとして占領。朝鮮半島周辺の広大な水域内の、全ての天然資源、水産物を利用する権利があると宣言しました。

もちろん、日本は「李承晩ライン」を認めませんでした。しかし、1965（昭和40）年に「ライン」が廃止されるまでの13年間、ラインを侵犯したとして拿捕《だほ》された船舶数は328隻、

抑留者は3929人、銃撃による死傷者は44人（うち死者5人）という暴挙を、韓国は行いました。

2012年8月には韓国大統領・李明博が竹島に上陸、日韓関係をさらに悪化させました。レイムダック状態の大統領の、国内の人気取りが目的でした。

過去、竹島問題については、民間レベルでの歴史問題についての話し合いは何度かありました。日本には歴史的資料もたくさんあるし、韓国側は論理的な反論ができない。それで韓国人は「日本側の言い分は分かった」と言って、引き下がる。

しかし、帰国すると「竹島はやっぱり韓国のものです」と平気で言うわけです。何のための話し合いだったのか。

話し合いによる解決というのは、「事実と論理を尊重する相手が解決を望んでいるとき」にのみ実現可能です。世の中の全ては論理や数学で片付けることができると信じる理数系的な考え方の人であっても、現実にはそうは行かなくて、失望したり怒ったりすることが多いのではありませんか。現実社会はむしろ、論理的に完全に正しいことが、全く認められないことの方が多いです。

中国と仲良くなるために、尖閣諸島などくれてやれ？

あんな岩だらけの小さな無人島を欲しがるのなら、あげてしまえばいい。それで中国と仲良くやっていけるなら、メリットは十分あるではないか。

これは、堀江貴文氏が言っていました。国際法学者の芹田健太郎氏は、竹島も尖閣諸島も、共同利用自然保護区にしてしまえなどと言っています。

これはつまり、誰かに脅迫された人が、大人しくお金を支払った方がいいという主張です。全く馬鹿げています。一度脅迫に屈して払ったら、金額を大きくして必ずまた要求してくる。尖閣をあげれば、今度は沖縄をよこせとなるでしょう。で、沖縄をあげると、次は九州、最後は日本列島全部です。ですから領土問題は、一歩も譲っては駄目です。

たとえて言えば、車のフロントガラスのヒビ。道路の砂つぶや小石が飛んでヒビが入ると、最初は1ミリもない小さな穴から、ヒビはどんどん伸びて、やがてフロントガラスはパリッと割れて粉々になってしまう。

他国に領土の一部をあげて、それで自国の平和を保とうなどという考え方は、絶対に許されません。国にとって一番大事なものは領土です。ですから領土は、一ミリたりとも譲っては駄目なんです。

6　共産党が政権をとったら

公安調査庁は共産党を、破壊活動防止法に基づく調査対象団体としています。
敵（日本政府）の出方によっては暴力革命も辞さない、と党の綱領に明記。

戦争を肯定している政党

「保育所をたくさん作って、待機児童をゼロにします」とか、「社会保障を充実させます」、「町に公園をたくさん作ります」などと、選挙でおいしいことを並べている日本共産党（以下、共産党）という政党。彼らは「安倍政権は戦争法（安保法）で、日本を戦争ができる国にしようとしています」、「徴兵制復活を目論んでいます」、さらに「共産党は断固阻止します」とネガティブキャンペーンを張っています。

ところがその、「安保法は戦争につながるから反対」と言っている政党が、党綱領で、「我が党は戦争する場合がある」と言明しているのです。

共産党の実態をみましょう。公安調査庁は共産党を、破壊活動防止法に基づく調査対象団体としています。以下は、同庁のホームページからの転載です。

『共産党は、第5回全国協議会（昭和26年〈1951年〉）で採択した「51年綱領」と「われわれは武装の準備と行動を開始しなければならない」とする「軍事方針」に基づいて武装闘争の戦術を採用し、各地で殺人事件や騒擾（騒乱）事件などを引き起こしました。

その後、共産党は、武装闘争を唯一とする戦術を自己批判しましたが、革命の形態が平和的になるか非平和的になるかは敵の出方によるとする「いわゆる敵の出方論」を採用し、暴力革命の可能性を否定することなく、現在に至っています。

こうしたことに鑑み、当庁は、共産党を破壊活動防止法に基づく調査対象団体としています。』

要するに、敵（日本政府）の出方によっては、暴力革命も辞さない。つまり、内乱状態に突入すると、共産党は綱領で謳《うた》っています。

中国、旧ソ連、北朝鮮を見れば、共産党独裁下の一般庶民がいかに悲惨か、大方の国民はご存じかと思うのですが。日本の共産党だけは別物とでも考えているのでしょうか、根拠もなく。

何より怖いのは、共産党独裁政権の不可逆性です。共産党の独裁はあまりよくなかったから、今度はまた民主政治に戻そうと国民が考えても、彼らは一度《ひとたび》政権を取るやいなや、選挙制度改変や治安維持法などで国民をがんじがらめに縛り、二度と時代を戻すことはできなくなります。民主党政権のように、駄目だったから次の選挙で落とせばよい、とはならないのです。

占領当初、GHQは共産党を利用しました。GHQの内部に共産主義にかぶれた職員がたくさんいたのです。アメリカでは後に「赤狩り」が起こり、共産主義者をかなり追放できました。しかし日本国内では、若い頃に共産主義にかぶれた人々が、教育界、マスコミ界、法曹界などに浸透して、今や、指導層のかなりのパーセンテージを占めています。

NHK、TBS、テレビ朝日、共同通信、朝日新聞、毎日新聞、東京新聞、北海道新聞、神奈川新聞、琉球新報、沖縄タイムズ等々は、左翼や過激派、在日系の勢力やシンパが多数入り込んでいて、番組や紙面には彼らのカラーが色濃く反映されています。

アメリカでも、戦後しばらくの間は、共産主義勢力が蔓延《はびこ》りました。政治家も文化人もマスコミ全部に浸透していました。彼らは一党独裁の政権をつくるのが目標ですから、民主主義・自由主義体制の崩壊を狙って、過激な労働争議やデモを、しばしば起こしました。

1948年頃より50年代前半にかけて、共和党右派のジョセフ・マッカーシー上院議員が「赤狩り」(マッカーシズム)を強硬に進め、共産党員とシンパを排除しました。

赤狩りの対象は「共産主義者」「ソ連のスパイ」「その同調者」でした。糾弾されたのは、政府関係者や陸軍関係者、ハリウッドの芸能関係者や映画監督、作家、そして対象はカナダ人やイギリス人、日本人などの外国人にまで及びました。

マッカーシーに協力した政治家の中に、後の大統領、リチャード・ニクソンとロナルド・レーガンがいました。

レーガン大統領は、ハリウッド俳優時代、俳優の労働組合の委員長でしたが、組合員の大半が共産党員で、ひどく苦労した経験がありました。

1954年に、共産党は連邦政府によって非合法化され、現在でも非合法団体です。公的補助を受けられませんが、憲法上、表現の自由、結社の自由があるので、「共産党」と称する団体は、公的に存在しています。しかし、1991年のソ連崩壊後、党員は激減し、高齢化も進んでいます。

皇室廃止を画す、共産党をはじめとする勢力

皇室制度の廃止は、日本共産党がコミンテルン日本支部として結党されて以来、同党の一貫した悲願です。日常的に使われている「天皇制」という言葉も、打倒すべき対象として、共産党が使い始めた造語です。ちなみに英語では「エンペラーシステム」なので、両者の区別はありません。彼らの目標は、共産党一党支配ですから、自分たちより上位の存在はあってはならないのです。建前では「人間は平等だから」などと言いますが、日本共産党の重鎮である不破哲三氏など、超豪邸で優雅な余生を送っているし、現在の志位和夫委員長も、党員による選挙で選ばれたわけでもないのに、2000年からずっと日本共産党委員長の地位に留まってい

る理由はいったい何ですか。不平等極まりない話ですよ。

元朝日新聞記者の本多勝一氏が看板記者として活躍をしていた頃の発言です。「こういうもの（＝天皇）を、いまだに平然と飼っている日本人を、心底から恥じさせてくれる存在」（「週間新潮が報じたスキャンダル戦後史」より）、「利用された気の毒な人なのだから、死刑にしなくてもよいが、国外追放にして今後また利用されないようにする。南米あたりに移住してもらって、あそこの勝ち組の日系人たちに飼ってもらったら」（「週刊新潮」昭和46年9月25日号より）

本多氏は党員ではありませんが、共産党を応援する、と言明しています。

市民運動家出身で、民進党国会議員辻元清美氏の著書『清美するで!!　新人類が船を出す！』（第三書館、昭和62年3月刊）にある文章です。

「生理的にいやだと思わない？　ああいう人達というか、ああいうシステム、ああいう一族がいる近くで空気を吸いたくない」「天皇っていうのも、日本がいやだというひとつの理由でしょ」と記し、天皇や皇室を「悪の根源」と断定しました。

私はアメリカ人なので、皇室に対する日本人の深い敬愛の情は、自分自身の実感としては分かりません。しかし、多くの日本人が天皇はじめ、皇室を心から敬愛していることは、肌で感じます。

国民の敬愛を一身に集めている皇室を、ここまで侮蔑していいものかと思います。それは日本国民の大半を侮辱しているのと同じことだからです。

進駐軍は、日本人の皇室に対する深い情を見抜いて、残さなければならないと決定しました。最終的にはマッカーサー元帥が、天皇陛下と会見して、そのお人柄に心を打たれて本国に皇室存続を提言したのは、よく知られた終戦秘話です。

もし終戦時に、昭和天皇を戦犯として処刑し、皇室を廃止したとしましょう。恐らく日本中で米軍に対する暴動が起きて、大混乱が続いたことでしょう。決死の日本人が続々と占領軍に立ち向かったと思います。

あのとき皇室制度をなくしていれば、日本が共産主義国になってしまった可能性は十分あったと思います。だから共産党は終戦時からの思いを引きずって、執念深く皇室廃止を画策しているのでしょう。

韓国を見れば、皇室制度のあるなしが、いかに国力を左右するかがよく分かります。

韓国の歴代大統領の運命は、朴槿恵氏の例を見るまでもなく、一様に悲惨です。激しい退陣要求デモで辞任し、ハワイへ亡命した初代大統領の李承晩《イスンマン》氏、側近に暗殺された朴正熙《パクチョンヒ》氏、退任後に死刑判決を受けた全斗煥《チョンドゥファン》氏、検察の取り調べ後に自殺した盧武鉉《ノムヒョン》氏、等々。

王朝が交代すると、前王朝の一族郎党の全て、民衆まで巻き添えにして皆殺しにする中国の「易姓革命」の残虐な伝統は、新大統領派が権力を掌握し、前大統領派が全ての利権を奪われて転落していくという現代版易姓革命となって、韓国で脈々と続いています。

日本は内閣が交代しても、皇室は政治とは無関係ですから、全く変わりなく存在していますす。国民の皇室への敬愛の情も、全く揺らぎません。天皇と皇室は国民の精神の拠り所として、二千年を超えて存在しています。

大統領が代わるたびに、国体が変わり、騒動が起こる韓国とは比べるべくもありません。騒動のたびに、韓国の国力は大きく削《そ》がれてきました。

日本共産党が一定の支持を保っているのは、70余年前の洗脳教育が未だに有効な証《あかし》です。私には謎としか思えない、日本人の民族性の秘密です。

社会保障の充実こそ政治の目標…？

共産党は、「社会保障の充実」を必ず公約に掲げます。

他の野党も、年金や医療保障の充実を、声をそろえて与党に要求します。この分野は、与党としても削減したくない。投票率の高い高齢者層の票に直結していますからね。

野党にとって社会福祉関連は、大衆の支持を得やすい与党攻撃材料です。

しかし、野党の要求どおりに福祉を充実させれば、早晩、国家財政は破綻します。

国家財政の健全な維持は、政府の最も重要な義務のひとつです。

ポピュリズムに陥って、民主党政権がやった「子供手当」や「高速料金大幅値下げ」のようなバラ撒きをしたとたん、他分野では「事業仕分け」による予算削減のしわ寄せが発生し、国全体が回っていかなくなったわけです。バラ撒きで発生した税収不足分を、景気が必ず落ち込む消費増税で補おうとするなんて、正に「亡国の政策」のフルコースでした。

基本的に、福祉社会には4大原則があります。
①まずは〝自立〟です。
②自立できない事情のある人は、家族の力を借りる。
③家族の力に頼れないとか、十分ではないときは、ボランティア団体、地域社会、場合によっては宗教団体の協力。
④それでも足りないときにようやく、最終手段として行政に頼る。
この順番を逆にして、最初から行政に依存すると、福祉社会は崩壊します。行政依存症につながるわけです。非常におかしな事態が起こります。

ケネディ大統領が暗殺された翌1964年、彼が前向きに取り組んでいた公民権法（人種差別を禁ずる法律）がアメリカにできました。暗殺事件の反動みたいなものです。同時にジョンソン大統領は、グレートソサエティと名付けた福祉改革を施行しました。未婚の母が無条件で福祉、つまり生活保護を受けられることになりました。
すると、女性たちが結婚しなくなりました。結婚すれば、生活保護を受けられなくなり、金銭的に不利なわけです。

確かに、未婚の母が子供を育てるのは大変だけれど、無条件に生活保護を保障したから、結婚できる人たちまで結婚しなくなってしまった。

それで、どうなったか。シカゴの黒人社会では、8割以上の子供たちは、未婚の母から生まれています。

民主党のクリントン大統領は、共和党と共同で福祉改革を行い、この法律を廃止しました。クリントンが残した一番大きなレガシイ（功績）だと思います。

福祉については、補助金は国が出すけれど、支給するルールは州が決めるようにしました。そうすると、ある州では生活保護は期限付きで、最長2年しかもらえない。あるいは、就職を目指して学校に行っていないともらえないとか、色々な制限がつけられました。例えば、専門学校は2年で卒業して職につかないと、支給打ち切りとか。全米50の州で、それぞれに50通りの施策が生まれました。

要するに、基本は自立なのです。self-reliance といって、自分自身で自分に対する責任を取ることが、社会を守るための大原則です。

でも、どうしても自立できない人がいます。頼れる家族がない、ボランティア団体や、地域社会では救いきれない。こういう人に対しては、行政の出番ですが、福祉本来の目的と、福祉依存症との兼ね合いが非常に難しいのです。

たとえば、ホームレス。東京で、ホームレスに、カトリック教会の皆さんがおにぎりを作って毎朝配っていました。東京都は、依存症を起こすという理由で、これを止めるよう勧告しました。

東京都もホームレスにおにぎりを配ったことがあります。教会のおにぎりには、もらうときに「ありがとう」って言っていたのです。ところが東京都がやり出したら、「遅れてるじゃねーか」「俺、それもらう権利がある」「俺は少ない」「米がまずい」とか言い出した。

ホームレスにはかなりの割合で精神的に障害のある人もいます。働いて自立することが困難な人たちです。この人たちへの対応は、行政の役割だと思います。

民間のボランティア団体が、ホームレスの自立の手助けをしています。ただし、任意のボランティア団体は税控除がないから、寄付金が簡単には集められない。だから行政から補助金をもらってボランティアをやっています。純粋なボランティアではありません。ある意味、行政に牛耳られた存在です。

今、貧困家庭を救うため、無償または低価格で子供に食事を提供する〝子供食堂〟が始まっていて、全国的に広がっています。地域で寄付を集めて行っている、純粋のボランティア活動です。行政がやってはいけません。依存の問題が必ず発生しますから。ただし、こういうところに共産党が忍び寄ってきて、いつの間にか組織を乗っ取ることがよくあります。本当に困ったものです。

7　自衛隊は人殺し集団か

共産党の国会議員が自衛隊を、人殺しの訓練をしている人殺し集団と決めつける発言。被災地で活動する自衛隊員に「人殺し集団は帰れ」コールをした。

安保法は、徴兵制につながり、戦争を招く？

安保法から、徴兵制を引き出してくるには、相当論理の飛躍があります。日本が従来認めていたのは、「個別的自衛権」のみでした。敵国の軍隊が日本に侵略してきた場合に、自衛隊が敵を撃退するのが「個別的自衛権」です。

２０１５年９月19日に成立した安保法制（安全保障関連法）は、自衛隊法の一部を改正して、「集団的自衛権」を設定しています。「集団的自衛権」とは、日本が攻撃を受けていなくても、友好国が攻撃を受けたとき、自衛隊が友好国を守るために敵国と戦うこと、つまり、自衛隊が戦ってもいい条件を拡大することを容認する法律です。

野党や、それにのる在野勢力は自衛隊の海外派兵を指して、「日本を戦争に巻き込む〝戦争法〟だ」と決めつけ、そこから大きく飛躍して（どこにもそんなことは書かれていないのに）「徴兵制につながる法律だ」と反安保法キャンペーンが張られました。

「集団的自衛権」の意義をまとめてみます。小さな軍備しか持たない国が、軍事大国に攻撃されれば、ひとたまりもありません。イラク軍にあっという間に占領されたクウェートの例があります。だから、軍事小国は、軍事大国に侵略されないように、友好国と助け合いたい。この助け合いを可能にするのが「集団的自衛権」です。国際社会では、集団的自衛権は当たり前の概念ですが、日本では危険な法律であると大騒ぎになりました。

政府は、徴兵制は憲法18条で禁止された「その意に反する苦役」に当たるという解釈を変える意図がないことを明言しています。さらに安倍晋三首相は、「徴兵制の導入はない」と、国会で再三言明しています。

安倍政権は、徴兵制導入を虎視眈々《こしたんたん》と狙っている、というのは全く根拠のないプロパガンダです。詐欺被害は、身内の言葉を疑って、詐欺師の言葉を信じることで起きますが、これと同じ構図です。信じるべき相手と疑うべき相手を間違えています。

「徴兵制」「戦争法」といった、暗いイメージを喚起する用語を、「安保法」にかぶせて世論をリードし、廃案に持ち込もうという作戦でした。

ところが、「徴兵制」は今日の軍事事情では、とっくに時代遅れの制度になっているのです。現在の自衛隊は、ハイテク兵器が主流で、ＩＴ化が高度に進んでいます。ＩＴを使いこなせる知能がないと、体力自慢だけでは、とても勤まらないし、役に立ちません。徴兵制で意欲のない新人がいくら入ってきても、かえって足手まといなのです。志願者から適性を持つ人材を選抜し、時間をかけて教育訓練する、現在の体制が最も有効です。現在の自衛隊入隊の競争率は一番低い部門でも3～4倍、幹部候補生のようなエリートコースは20～40倍と言われています。合格枠を広げれば志願者をもっと採用できる状態なのに、どうして徴兵制をやるのですか。

自衛隊の実情を見れば、「徴兵制になると、あなたの息子さんが無理矢理兵役につかされる。日本は軍事国家への道を再び歩み始めている」という脅迫キャンペーンが、まるで現実離れしたプロパガンダであることが明白です。

彼らは「徴兵制が心配だ！」と主婦の不安を煽るくせに、憲法9条を改正して自衛隊を明記するときに、徴兵制禁止規定を憲法に盛り込むよう提案することはない。「憲法改正は絶対悪だ！」と思考停止している証拠です。

世界的にも、徴兵制は時代遅れになってきています。

徴兵制を敷いているのはロシア、スイス、スウェーデン、韓国など、世界の三分の一くらいで、少数派です。

米国や、英国など主要7カ国（G7）は、志願制を採用しています。志願制は、国際的な潮流となっています。

アメリカの徴兵事情

アメリカは選抜徴兵登録制度（セレクティブ・サービス・システム＝Selective Service System＝SSS）の下、徴兵登録を行いますが、兵役の義務はありません。18歳になると男子は徴兵登録する義務があります。

私も18歳のときに、登録しました。当時はベトナム戦争の真っ最中で、自分もジャングルで戦うことになるのかなあ、と漠然と考えていました。少し上の世代には戦死した知り合いがいたし、腕や脚を失って地元に戻ってきた人もたくさんいました。でも、ジャングルの中に兵隊の自分がいるというイメージがどうしても浮かばない。ユタ州の砂漠育ちの私にはピンとこなかったんです。けれど、もし招集されれば、行くしかない、これは国民の義務なんだと思っていました。でも招集されるまでは、それまでどおりの普通の生活を続けようと思いました。すぐには招集されなかったので、大学に入学した私は、卒業するまで兵役は免除された。卒業するときにはもうベトナム戦争は終わっていたので、結局は戦場に行かなかった。

アメリカ合衆国は、ベトナム戦争終結後の１９７３年以降、徴兵を停止しました。選抜徴兵登録制度（ＳＳＳ）に基づく名簿の作成も、１９７５年に一度廃止されましたが、１９８０年に復活しました。

アメリカ市民、永住権保持者、不法滞在している全ての男子は、ＳＳＳに登録する義務があります（観光ビザや学生ビザなど一時的ビザでアメリカに滞在している男性は除外）。登録しないと重罪（罰金25万ドル、禁固刑５年）を科されます。

大統領および議会は国の緊急事態、または戦時に軍隊の拡大が必要となった場合、ＳＳＳの登録リストから徴兵できます。

グリーンカード（永住権）を申請している人、市民権（国籍）を取りたい人、社会福祉をもらっている人、そういう人たちが、徴兵リストの上位に載ります。

女性のＳＳＳ登録義務はありません。湾岸戦争には女性も参加していましたが、予備役として登録している彼女たちは毎月５００ドルほどの俸給で、後方部隊に所属していました。

外国籍でも、グリーンカードを持っていれば米軍に入れます。何年か軍にいると、米国籍

（＝市民権）が得られます。それで韓国人がかなり志願しています。韓国にいれば、どのみち徴兵される。だったら、米兵として訓練受けて、米国籍も取っちゃえとなる。アメリカで韓国系が増える要因です。同様な事情で、最も多いのはフィリピン人です。

中国の徴兵事情

中国にも徴兵はありません。人民解放軍は安定した職場なので、入隊の競争率は高いのです。軍に入りたければ、しかるべきところに賄賂を贈って採用してもらわなければなりません。兵隊というより、むしろ公務員的なイメージが似つかわしい。

一人っ子政策なので、両親の唯一の子孫だから、絶対死ぬなって言われて人民解放軍に入るらしいです。だから、危なくなったら、彼らは逃げます。負け戦となったら、昔から中国兵は大将はじめ兵卒に至るまで、一目散に逃げ出しました。だから、日中戦争や朝鮮戦争のときの中国軍には「督戦隊」があって、逃げ出す自国兵を撃ち殺していました。

儒教の国・中国では公（国家）より孝（親孝行）を尊びますから、お国のために戦って死ぬ、という考え方はありません。家族や一族の生存を、国家の存続よりも優先します。今後、中華人民共和国（中国共産党政府）が滅んでも、中国人は「また易姓革命が起きた」と考えるだけです。

自衛隊への偏見とその原因

多くの日本のお母さんにも、中国人と同じ印象を受けます。自分の可愛い息子が徴兵されるのは絶対いやだとしか考えていない。そこには祖国に対する気持ちはなく、家族と自分の一族だけを大事にするという価値観しかありません。戦後教育で「公徳心」を奪われたからだと思います。

お母さんたちが、安保法が徴兵につながる、と思い込んでしまうのは、母親の愛情につけこんだプロパガンダが広められているからです。

もっとも、そういう母親に育てられた男子は、例え徴兵されても、中国兵と同じで肝腎のときに逃げ出すでしょうから、戦場では役に立たないと思います。自衛隊に必要な人材は、「国を愛し、国を守る」という確固とした気概と志を持った若者です。

世界中の国々では、軍人は警察官や消防隊員と同じように、命をかけて国や国民を守る人たちだから、子供が一番憧れるヒーローであり、社会的にも高く評価されています。

日本で「徴兵制」という言葉に拒否感をもつ国民が多いのは、軍人という職業への偏見が強いからだと思います。そこに左翼や外国政府がつけこんでいる。

日本で、軍人に対する偏見が定着してしまったのは、原因があると思います。

戦時中は、本音はともかく徴兵されるのは名誉だとして、万歳三唱で送り出しました。ところが、230万人も戦死して、その上敗戦という結果でした。息子の、夫の、兄弟の、父親の命は何だったのかと、国民は深く悩みました。

戦後に帰国した兵士たちは、軍隊生活や戦闘の悲惨さを伝えました。

軍隊上層部の作戦の誤りや、陸軍と海軍の仲の悪さから発生した失敗が次々に明るみに出てきました。

さらに、進駐軍（GHQ）と中国、韓国、左翼と反日が、日本軍はアジア大陸で民衆にひどい仕打ちをしたと、キャンペーンを張った。これらの多くは、デマゴーグであることが完全に証明されています。しかし、これで軍隊に対する極悪イメージが日本人に刷り込まれてしまいました。しかも、日本軍が果たした功績は一切教わらなかった。

日教組の反戦教育の効果もあって、戦後70余年、「軍隊＝悪」のイメージは保たれています。

２０１５年10月、共産党の国会議員が自衛隊を、人殺しの訓練をしている、人殺し集団と決めつける発言をしました。彼らはその主張を載せたチラシを撒いています。

「自衛隊なんて必要でしょうか。私にはただの人殺し集団としか思えない」と若い女性に言わせています。この延長に、被災地で活動する自衛隊員に「人殺し集団は帰れ」コールをして、住民やボランティアに総スカンを食らうプロ市民の存在があります。その後共産党は「震災復興でがんばった自衛官を戦地に送り込むのは許せない」と、言い方を工夫しました。

自衛隊を軍隊にしたら、アジア諸国が猛反発する

アジアが猛反発するといっても、要するに、中国・韓国・北朝鮮の特亜三国のことでしょう。反日政策を取る三国の反発など無視して、台湾やフィリピン、インドネシアなどの、日本

に圧倒的な信頼と好意を寄せる、友好的なアジア諸国の希望を聞いてくださいよ。

国内でも、親中、親韓、親北の人々が言っているだけのことでしょう。あ、マスコミも同調していますね。

自衛隊を憲法で軍隊として認めるのに、何で近隣諸国に遠慮しないと駄目なの？　もしかして、憲法の前文に違反するからかなあ？「平和を愛する諸国民の公正と信義に信頼して、われらの安全と生存を保持しようと決意した。」「平和を愛する諸国民の公正と信義」って、どの国のこと？　しかも、日本語が間違っています。正しくは「公正と信義に」ではなく、「公正と信義を信頼して」ではないでしょうか。そのくらい、私にも分かります。

例えば、アメリカが軍事費を増やしたら、ロシアは怒りますよ。だから何なの？

１９４５年から１９８９年までの44年間続いた米ソ冷戦は、アメリカの第40代大統領、ロナルド・レーガンによって、終止符が打たれました。

レーガン大統領は軍事費をがんがん拡大して、ソ連を軍拡競争に引きずり込み、ソ連は経済的に破綻して崩壊してしまった。米ソ両国が直接戦争する必要はなかった。

日本が軍国主義を復活して、またアジア侵略を始めるというのは、昔ながらの共産党、左翼のプロパガンダです。アジアに軍事侵攻して、日本に何のメリットがあるというのでしょう。仲良くして、経済的にお互いウィンウィン《共存共栄》の関係でいた方が、はるかにメリットがある。まして、核大国の中国や、核新興国となった北朝鮮に侵攻する利益など日本にあるはずないじゃないですか。

中国と韓国の激しい反日教育

ただし、中国と韓国は徹底的な反日教育を行っています。

中国は、南京虐殺の証拠写真（？）を小学生に見せます。妊婦の腹をさいて、胎児を引きずり出すシーンなど。これらの写真の出処は東中野修道氏が全て特定しています。要するに、全て中国人による残虐行為の写真であることが証明されています。

私は、この間ソウルに取材に行きました。観光施設になっている、西大門《ソデムン》刑務所の展示はひどかった。日本兵が朝鮮人を拷問しているシーンを蝋人形でリアルに再現しているのです。その多くが本当は、李氏朝鮮時代の拷問だとは説明文に絶対書かれていない。
そこに修学旅行生の団体がやってきて、恐ろしそうに見ている。駐車場には、バスが40〜50台来ていました。そういう風に教育を受けるわけだから、確かに、反日になるかもしれない。だからといってそれがどうしたんですか。嘘を信じ込んで反発しているだけであって、本当の日本の姿が分かってないだけです。

でも、ネットで言われているほど韓国人が反日なのかというと、日本に来たことのある韓国人のほとんどは、日本が大好きになるのです。日本人の親切さやおもてなしの心に感動してしまう。ところがそれをSNSとか、ネット上に書き込むと、ものすごいバッシングにあう。だから、日本を本心では好きなんだけど、世論調査では、「嫌い」が圧倒的多数派になります。だけど、手本にしたい国は、日本が一番です。嫌いな国としても一番。とにかく韓国人の心理はとても屈折しています。

中国人も同じです。日本に来て日本が好きになって帰るんですけども、戻ったら反日を言わないと駄目なんだそうです。来日したことのない人以上に反日を言わないと、絶対に出世できなくなる。本音と建前をきっちり区別しています。

ただ、日本の軍備拡張に対する韓国の反発は、すごいものがあります。

かつて朝鮮半島は「日本の植民地にされた」と教育されるから、猛反発するのでしょう。これも勘違いなのにね。

日本が武器を持ったら、朝鮮半島を支配しにくると、本気で心配してるのかもしれない。反日教育の賜物でしょう。

では逆に、軍拡をする日本は危険だからと、韓国は日本を侵略するか？　しないでしょう。わーわー大騒ぎしているだけです。

それに遠慮するマスコミや外務省はおかしい。無視すればいいだけのことです。

日本のマスコミと左翼の政党、文化人は、一旦軍隊を持てば、際限のない軍拡競争に巻き込まれて、国のお金が軍需産業に流れ込んで、国民は貧乏になる、というステレオタイプの論陣を張っています。

「巻き込まれる」って、自虐的な発想です。自分たちには正しく判断する能力がないと、自白しているようなものです。主張を押し通せない、断りきれないという、日本人の傾向につけこんだ、意図的なミスリードです。

8　戦前の暗黒時代に戻す法律なのか

政府は、２０２０年の東京オリンピック・パラリンピックを控え、パレルモ条約批准は、テロ対策の観点から不可欠だと主張した。

テロ等準備罪は、国民監視体制である？

「共謀罪」は、成立が見送られた法案段階の名称です。だから「危険な法案」のレッテルとして野党やメディアが使うようになった。このような原始的なプロパガンダに日本人は免疫力がないので、政府は「テロ等準備罪」と通称を改めて、２０１７年7月11日から施行しました。同法の正式名称は「組織的な犯罪の処罰及び犯罪収益の規制等に関する法律」です。

「テロ等準備罪」では、「組織的犯罪集団」の解釈を明文化しています。

・組織的犯罪集団に所属しその活動として、
・二人以上で対象の罪を計画し、
・その計画した者らが計画に基づき「資金の準備」「現場の下見」等の犯罪実行のための準備行為を行われた時

が犯罪認定の条件となっています。

上記の文のどこから、「話し合うことが罪になる」「戦争に反対するデモをしたら犯罪として処罰される」という解釈が出てくるのでしょう。にもかかわらず、それを理由として反対運動が起こりました。

代表的な反対論は、検閲が猛威をふるった戦前の暗黒時代に戻るから、というもの。

２０１７年6月15日に「日本ペンクラブ」は共謀罪反対の声明を出しています。

同じ日、朝日新聞の「声」欄（読者投稿欄）に、作家の赤川次郎氏の投稿が載っています。

「戦前のあの暗い検閲時代に戻っていいのか」と。

見事な連携プレイです。

しかし仮に、現代日本で過剰な検閲を行ったとしたら、国民の猛反発を受け、その内閣はふっとぶでしょう。政権が、結果が見えていることをするでしょうか。一党独裁の全体主義国家なら、中国や北朝鮮を見ればお分かりのとおり、情報管理が体制維持の命綱です。日本はいつから全体主義国家になったのですか？

そもそも日本で検閲が一番ひどかったのはＧＨＱの占領時代なのに、彼らはその話題には絶対触れない。未だに「自己検閲」を行っている人々が、安倍政権の批判のために「暗い検閲時代」などという話題を持ち出してきたときは、申し訳ないけど鼻で笑ってしまいました。

「テロ等準備罪」には、パレルモ条約批准という重要な目的がありました。この条約は、マフィアによる暗殺事件がきっかけで、マフィアも含めた組織による犯罪を国際的に取り締まる目的で作られた、国際組織犯罪防止条約です。２０００年11月、国際連合総会で採択されました。

今日では、マフィアもさることながら、テロリストの取り締まりがこの条約の重要な目的となっています。

パレルモ条約は、既に全ての国連加盟国の94％にあたる、１８７の国と地域が締結しています。これら187か国は、果たして暗黒の検閲社会になっているのでしょうか。

批准していないのは、日本を含めた11か国だけでした。

対テロ対策にこの条約が有効なのは、捜査情報の共有がスムーズになるからです。これまでは捜査機関が外務省を通じて情報共有をしていましたが、批准すればほぼ直接、当該国の捜査機関同士でやりとりができるようになります。

さらに、犯罪者の引き渡しがより確実に受けられます。例えば、日本で組織犯罪を犯した犯人が海外に逃亡し、そこで拘束された場合、この条約を根拠に、犯人の引き渡しが受けられるようになります。従来は、二国間で個別に条約を結んでいなければ、引き渡しを受けられませんでした。

政府は、2020年の東京オリンピック・パラリンピックを控え、パレルモ条約批准は、テロ対策の観点から不可欠だと主張しました。

改正組織犯罪処罰法の施行当日、「国際的な組織犯罪の防止に関する国際連合条約」受諾を閣議決定し、国際連合本部に受諾書を寄託して、正式に条約を批准。同年8月10日の発効を以て日本は188番目の批准国となりました。

日本社会がかなり危険なことをご存じでしょうか。

日本の重大犯罪の大半は外国人によるものです。そのほとんどが中国人、韓国人で、しかも組織犯罪が多い。

かつて暴力犯罪を犯し、国際手配中だったはずの赤軍派などの過激派が、実は、日本にかなり自由に出入りしています。外国との情報交換がほとんどできなかったせいで、取り締まりが難しかったためです。

テロリストの重信房子が最高幹部だった日本赤軍のメンバーが、1972年、イスラエルのベン・グリオン国際空港で銃を乱射し（「テルアビブ空港乱射事件」）、100人以上の死傷者を出しました。現代世界が経験する初めての無差別テロでした。重信は海外に逃亡しているとされていましたが、2000年に大阪府警がたまたま見つけて、潜伏していた大阪府高槻市で逮捕しました。

この法律によって、これらの重大な犯罪者に網をかけられるようになるのです。メリットは具体的にたくさんありますが、反対派が叫んでいる「検閲社会到来」は、現実性が全然ないと思います。ふだんは「国際協調主義」を訴える日本メディアの多くが、「テロ等準備罪」の成立に反対してきた最大の理由は、日本のパレルモ条約批准で一網打尽になる可能性が高まった重大犯罪者の、仲間やシンパだからではないかと勘ぐってしまいます。

実は、アメリカでも、リベラル（民主党系）は、「テロ等準備罪」と同じ種類の法律「愛国者法（パトリオット・アクト）」に根強く反対してきました。

愛国者法は、2001年9月11日のアメリカ同時多発テロ事件への対応策として、時限立法として成立しました。法執行機関の権限範囲を大幅に拡大し、予備段階でもテロ等を阻止できるようにした法律です。日本でもアメリカでも、左派が掲げる反対のための反対論理は似ています。ちなみに同法は2015年6月に期限切れで失効しています。

テロの起きない日本に、「テロ等準備罪」など必要ない、という「トンデモ発言」もあります。どこまで記憶力が悪いのでしょうか。

1995年のオウム真理教によるサリン事件は、世界犯罪史に残る大規模なテロ事件です。その他にも、坂本弁護士一家殺害事件、松本サリン事件、目黒公証人役場事務長拉致殺害事件など、オウムが引き起こした一連のテロ事件の捜査は、いつも後手後手に回りました。歴史を遡れば1974年、8人の死者と300人余の負傷者を出した、東アジア反日武装戦線による「三菱重工爆破事件」があり、さらに2年前の1972年には、仲間を12人もリンチ殺人した、連合赤軍事件がありました。

2008年6月、25歳の男が、トラックとナイフで、17人の通行人を殺傷した秋葉原通り魔事件など、一般人の大量殺傷は、近年しばしば起こっています。

2016年の「やまゆり園事件」は、19人もの障害者が、狭い視野の、狂った、エキセントリックで独善的な〝正義漢〟により殺害された痛ましい惨事でした。

サイバーテロの防止にも「テロ等準備罪」は必須です。サイバーテロは、起こってしまってからでは、被害が甚大になるからです。入り口段階での抑止が是非とも必要な犯罪です。

こうした犯罪に対処するため、「テロ等準備罪」の施行は、公安警察（警備警察）に、踏み込んだ捜査をようやく可能にしました。

9　技術立国・日本を守れ

2017年4月、日本学術会議は総会で、科学者は軍事的な研究を行わないとする声明を発表した。防衛省が創設した研究助成制度も批判。

脆弱《ぜいじゃく》な日本の軍需産業

軍需産業は、国の技術と経済を目覚ましく発展させます。これは経済の常識です。マスコミや左派政党、文化人が、こんな基礎知識を知らないわけがありません。つまり彼らの正体は、日本経済を発展させたくない人々です。加えて一般大衆を、「改憲＝軍備拡張」＝「軍拡競争＝不況＆徴兵制＆戦争」という図式でミスリードして、民主政治の転覆を謀《はか》っているのです。

零戦《ゼロセン》（零式艦上戦闘機）の高度な技術に散々痛い目にあったアメリカは、戦後、日本の飛行機製造を禁止しました。１９５２（昭和27）年にサンフランシスコ講和条約で日本が再独立すると、民間企業による飛行機の運航や製造の禁止は解除されました。

しかし日本の軍需産業は、残念ながら、今なおアメリカに手足を縛られています。国産Ｆ２戦闘機を作る際、日本は独自で作りたかったのですが、アメリカのＦ16戦闘機の技術を入れざるを得ませんでした。

様々な兵器に用いられるＩＴ関連の重要な部分は全部アメリカ製です。イージス艦も同じ、肝腎な部分はすべてアメリカ製になっている。

これが何を意味するかというと、自衛隊の戦闘機や艦船は、アメリカのＩＴを利用しないと動かせないということです。日本の防衛力は、完璧にアメリカに首根っこを押さえられています。

ＩＴ分野も強いのですが、今日のアメリカの製造業で世界一だと誇れるものは、軍需産業と航空産業くらいです。それ以外は戦争では打ち負かした日本やドイツに負けてしまった。経済的にアメリカ・ファーストであるためには、軍需産業を死守しなければならない。つまり、今後ともアメリカは日本が本格的な武器輸出国になることを望まないと思います。

日本学術会議による軍需産業妨害

アメリカとの関係で一定の縛りがあるとはいえ、日本は軍需産業と自衛隊をもっと拡充しなければならない状況にあります。

ところが、日本学術会議がそれを邪魔しています。

２０１７年４月、日本学術会議は総会で、科学者は軍事的な研究を行わないとする声明を発表しました。防衛省が創設した研究助成制度も批判しています。軍需産業の足元を崩しにかかったのです。

科学者ともあろうものが、世の中の現実からこれほど遊離していてもいいのでしょうか。

現代の先端技術は、全てといってよいほど軍事的な研究の成果です。

例えば、ＧＰＳ。カーナビでもスマートフォンでも、あるいはＧｏｏｇｌｅの地図でも、位置情報になくてはならない技術です。ＧＰＳを支える人工衛星も、それを打ち上げるロケットも軍需産業から誕生しました。

以前、ワシントンの有名な弁護士で、軍需産業にすごく詳しい人が来日したとき、日本のカーナビを見て、これはもう、アメリカの軍需用ＧＰＳと同じじゃないかって、びっくりしていました。日本の方が発達していたのです。

毎日使っている電子レンジも、電子に関する軍事研究から生まれました。

今日の世界を飛躍的な発展に導いたパソコンも、インターネットも、もちろん軍事研究の成果。

軍事的研究を頭ごなしに否定することは、すなわち世界の技術から取り残され、日本が技術後進国に陥落することを意味します。技術立国・日本は、日本学術会議の「たわごと」を真に受けていたら、衰亡の道をまっしぐら、ということです。

大衆の一部と左派マスコミは、日本学術会議の声明に両手をあげて賛同します。平和憲法の日本が、武器の研究や輸出をするなんて、とんでもないと。軍事の研究が、国の経済力だけでなく安全保障政策にも直結していることなど、全然視野に入っていません。彼らは自分の研究や儲け仕事さえできればいい。そういう意識を持った人でしょう。

日本学術会議の先生方は、なぜ、自分の祖国を弱体化することが明らかな提言を行うのでしょうか。これには、彼らがあまり知られたくない理由があります。

戦後、ＧＨＱによる公職追放があり、大量の教育関係者が離職させられました。

そのとき、日本の大学に残ったのは、公職追放を逃れた学者たちでした。彼らは、アメリカのポチとなって延命するため、ＧＨＱの「ＷＧＩＰ＝戦争についての罪悪感を日本人の心に植え付けるための、情報宣伝計画＝自虐史観」を率先して教育界に浸透させました。

さらに、共産党が教育界に深く浸透を図りました。

『何も武装闘争などする必要はない。共産党が作った教科書で、社会主義革命を信奉する日教組の教師が、みっちりと反日教育を施せば、三、四十年後には、その青少年が日本の支配者となり、指導者になる。教育で、共産主義革命は達成できる。』（日本共産党・衆議院議員・志賀義雄氏の発言）

大学のシステムは、教授会の推薦がないと大学教授には決してなれません。旧来の徒弟制度そのままの世界です。

自虐史観を肯定する教授の下では、自分も反日思想を表明しない限り、昇進の道は閉ざされます。

こうして、反日教授が反日教授を生産するという負の循環が、日本の大学では今日も続いています。

特に東大は反日教授の牙城で、そこで育てられた学者が、地方の国公立大学や私立大学へ流れて准教授から教授へと昇進し、主要ポストを占めていきます。彼らの教え子が教職員になっていくので、小中高の教育も反日思想で牛耳られることになります。

反日とアメリカの日本弱体化策（ウィークジャパン）が結びついて、ＧＨＱのポチの血を引く学者たちが「軍事研究反対」の声明を出した、というところがこの声明の構図ではないでしょうか。

米国務省や民主党は、ウィークジャパン派です。オバマ前大統領もウィークジャパン派でした。彼らはその意味では、中韓寄りです。アメリカ政府の全体が親日、反中・反韓と思ったら、大間違いです。

カリフォルニア州出身の民主党下院議員マイク・ホンダは、日系人（自称）であるにもかかわらず、徹底的な反日活動家でした。慰安婦問題について、日本に謝罪させろという法案を、執拗に提案しつづけました。米国内に慰安婦像を建てる運動を全面バックアップしました。韓国系、中国系のロビイストたちの星でした。幸い、２０１６年11月に、９選を目指した選挙に落選しました。全米でもっとも有名な反日ロビー団体「抗日連合会（世界抗日戦争史実維護連合会）」が、次世代の若い候補者に乗り換えたことが最大の敗因でしょう。

日本国内の反日勢力には、親欧米系の他、親中系、親韓系、親ロ系も混在しています。日本人は大東亜戦争の経緯や経過、世界にもたらした結果について、自虐史観以外には全く教育を受けていないようです。そのおかげで、戦争で日本軍にコテンパンにやられた上に、戦後は植民地を失って落ちぶれたイギリス、オランダ、フランスなどの国民が、「日本を恨んでいる可能性」を想像すらしないと聞きました。これはＷＧＩＰによる逆説的な弊害です。

日本人は賢く彼らの意図を見抜いて、しっかり対処しなくては、国が危うくなります。信じられない方もいるかもしれませんが、ウィークジャパンを画策する彼らの究極の目的は、日本の解体です。

女優の吉永小百合さんは、「日本は軍備がないから平和だ、武器を放棄することが積極的平和主義だと思います」と言いました。あの小百合さんが言っているのだからと、大衆の一部はそっちに導かれてしまいます。

パワーバランスがすさまじいスピードで変化し続ける世界に、軍需産業なくして、日本が伍して生存していくことはできません。

核兵器がなくなり、軍隊も不要になる世界、それは飽くまで夢想の世界です。夢に生きるのは個人の自由ですが、国民の大半が夢見る人になったら、その国は経済的にも軍事的にも、間違いなく滅びます。そしてそれを、日本人に対して計画的に実行している連中が存在することを、決して忘れないでください。

10 日本の得意技「謝罪外交」

理由もないのに相手国に謝れって言っているのが有名な日本人だから、まったく始末が悪い。

中国に、韓国に、ひたすら謝りつづけよう…⁇

南京大虐殺っていう大罪を中国に対して犯したのだから、相手が納得するまで謝り続けるしかないでしょうね、と作家の村上春樹氏が２０１５年4月に、東京新聞のインタビューに答えて、言いました。この意見を、新聞各紙は大きく取り上げました。

新作『騎士団長殺し』で、南京大虐殺の犠牲者を40万人と書いています。彼は事実を何も調べてないね。こう書く方が中国で小説が売れると考えたのかもしれないけど。

南京大虐殺が中国とアメリカの共同プロパガンダであり、事実無根の犠牲者数がどんどん拡大していることは、完璧に証明されています。

彼のような影響力のある人がこういうことを言うから、多くの大衆が信じてしまう。理由もないのに相手国に謝れって言っているのが有名な日本人だから、全く始末が悪い。

中国が、謝ったら終わりにするわけがないでしょう。

百歩譲って、南京大虐殺があったとして、それを日本の歴史教科書に載せろと中国が要求することは、中国の歴史教科書に、大量の犠牲者を出した毛沢東の大躍進政策とか文化大革命とか、天安門事件とか、通州事件とかを載せなさいと、日本が中国に求めるような話です。南京虐殺と違って、これらは歴史的事実ですが、それを教科書に載せろと外国政府が要求するのは、明らかに内政干渉でしょう。

韓国の場合は、「従軍慰安婦の強制連行という大罪を日本軍は犯した」などと、これまた事実無根の罪を日本になすりつけて、国連はじめ世界各国で日本を貶《おとし》めるキャンペーンを張っています。

韓国が慰安婦少女像を建てる気持ちは理解できるなどという、日本の文化人の論調もありますが、アホかと言いたい。

少女像は、反日を表現する行為のひとつです。彼らにとって、事実か否かは問題ではないのです。そもそも日本軍の慰安婦に少女はいませんでした。あの「少女像」のモデルは、2002年6月に、在韓米軍の装甲車に轢かれて亡くなった14歳の中学1年生二人のうちの一人、シム・ミソンさんです。在韓米軍への抗議用に制作したものを再利用したところ、表情があまりにも幼い像になってしまった。

それで「日本軍はいたいけな少女を強制連行して慰安婦にした」などとデタラメを言うようになった。そのおかげで朝鮮戦争のときに米軍慰安婦だった女性たちまで、「自分も日本軍の慰安婦だった」と言い出したのです。お金がもらえるなら嘘くらい平気ですよ。

表立って騒いでいるのは韓国人や韓国系アメリカ人ですが、あれは中国や北朝鮮の戦略と私は見ています。韓国は自分たちの戦略だと思っているけれども、実は中国や北朝鮮が、米軍を朝鮮半島から追い出すため、米国と日本との間の信頼関係をぶち壊すための道具の一つにすぎない。韓国で元慰安婦の面倒を見ている挺対協(韓国挺身隊問題対策協議会)は北朝鮮の工作機関です。結局、韓国の国民は、中国と北朝鮮の嘘に踊らされている操り人形です。

韓国の日本に対する執念の〝恨《ハン》〟、そのよってきたるところは？

中国の皇帝を頂天とする世界観を華夷秩序《かいちつじょ》といいます。その秩序の中で、朝鮮は小中華を自認し、日本より上位に位置していると誇ってきました。

なのに、下位の日本が、あろうことか自国を併合した。日本は清にもロシアにも勝った強国で、第一次世界大戦でも戦勝国になった。この当時すでに日本国籍だった朝鮮人が、感情を爆発させて喜んだ姿が目に浮かびます。ところが、日本が強い間は朝鮮人は日韓併合を喜んでいたんだけど、日本が大東亜戦争に負けたことで事情が一変した。「自分たちは敗戦国の国民だった」という歴史を、儒教思想の「上か下か」、「善か悪か」という二元論に縛られる韓国民は絶対に認めることができません。反日の根底には、プライドを侵された民族の恨があります。韓国の恨は、優越感と劣等感が、ないまぜになったものです。

「加害者と被害者という歴史的な立場は千年の歴史が流れても変わらない」とは、朴槿恵前大統領が２０１３年3月の三・一独立運動記念式典で述べた言葉です。

最近、日本の外務省もようやく慰安婦問題への反論を国際的に展開し始めました。

この問題が韓国のプロパガンダだと理解する人々が、諸外国にもどんどん増えてきました。

そこで、韓国の反日団体が次に目をつけたのが、戦中の朝鮮人強制徴用、強制労働、というテーマです。

長崎県長崎市（旧高島町）にある島、端島《はしま》は、通称、軍艦島と呼ばれています。明治から昭和にかけて、海底炭鉱で栄えましたが、１９７４（昭和49）年の閉山以降、無人島になりました。

韓国が掲げた軍艦島での強制労働の証拠とは、実は北海道の炭鉱の狭い坑道で、日本人鉱夫が窮屈な姿勢で一生懸命掘っている写真でした。細かいことは気にしない韓国人の「ケンチャナヨ精神」（いいからいいから＝大雑把）は毎度のことながら、随分ずさんです。

炭鉱の仕事は本来きついし、危険です。その代わり、給料はものすごくよかったのです。もちろん朝鮮人労働者にも日本人と同じ高賃金が払われていました。

朝鮮人も日本人と同じ待遇の労働者として扱われていました。朝鮮人用に朝鮮人女性を置いた遊郭まであったそうです。朝鮮人が出稼ぎに行くのに、軍艦島は地獄どころか天国でした。

韓国大法院（＝最高裁判所）は２０１２年５月、日韓併合時代に旧三菱重工業と旧日本製鉄に強制徴用されたとして、韓国人８人が損害賠償と賃金支給を請求した訴訟で、請求を棄却した二審判決を破棄し、高裁に差し戻しました。

韓国政府は、それまで徴用問題は日韓請求権協定で解決ずみという立場を取っていました。複数の下級審で徴用問題は日韓請求権協定で解決ずみの判決を出していたにもかかわらず、最高裁が引っくり返しました。法を捻じ曲げて国民感情を最優先する、情治の国ならではの裁判です。

三菱重工と新日鉄住金は再上告しましたが、未だに大法院の判断は下されていません。この他に、強制徴用関連の訴訟は約10件あるそうです。

韓国の高裁は三菱重工に対し、当時に遡《さかのぼ》って支払うよう命令を下しました。支払わないと、韓国にある三菱の資産を押さえられてしまうため、三菱重工は賠償金と賃金相当額を支払いました。

国家ぐるみで、法と歴史を曲げて支払わせたわけです。

韓国人の性格論

韓国人の社会学者・李符永《イブヨン》氏は、「現代韓国人の国民性格」について指摘しています。抜粋すると――

・依頼心が強い
・すべきことをせず他人に期待し裏切られると恨んだり非難する
・相手も自分と同じ考えだと思い「違う」と分かると裏切られたと恨む
・せっかちで待つことを知らず「今すぐ」とか「今日中」とよく言う
・すぐ目に見える成果をあげようとし、効果が出ないと我慢せず別の事をやろうとする
・計画性がない
・自分の主張ばかりで他人の事情を考えない
・見栄っ張りで虚栄心が強い
・大きなもの派手なものを好む
・物事を誇張する

・約束を守らない
・自分の言葉に責任をもたない
・何でもできるという自信を誇示するができなくても何とも思わない
・物事は適当で声だけ大きくウヤムヤにする
・綿密さがなく正確性に欠ける
・物事を徹底してやろうとしない
・〝見てくれ〟に神経を使う
・「世界最高」とか「ブランド」に弱い
・文書よりも言葉を信じる
・原理原則より人情を重んじ全てを情に訴えようとする

韓国人自身が自国民を分析して指摘していることですから、ヘイトスピーチというわけではなく、ほぼ事実と見てよろしいのではないですか。また、昭和初期に朝鮮総督府の出した『朝鮮人の思想と性格』の中にも、これに類する指摘があるといいます。アメリカや日本では、しつけられていない悪ガキが、このレベルです。アメリカでも日本でも、このレベルのままで大人になったら、社会生活はまず無理でしょう。

弟が韓国に滞在していたときのこと、ある日、ハウスボーイを雇ったら、その子がカメラから何から弟の持ち物を全部持っていっちゃって、とても困ったそうです。これは発展途上国ではよくある話かも知れませんが、上に列挙された「現代韓国人の国民性格」は、私にはどうも本当のように思われます。

日本が朝鮮半島を植民地にしたおかげで、発展が著しく遅れた、謝れ

日本のせいで、発展が遅れた？ いえいえ、真逆です。日本は、国家予算に等しい資金を朝鮮半島の経営に投下して、インフラを整え、学校を作り、医療を充実させました。現代韓国人がそれをどんなに屈辱的だと感じたとしても、歴史的事実なのです

作家の百田尚樹さん流に言えば、「発展させてごめんなさい」ですよ。

すみません、学校とか作っちゃって、教育施してごめんなさいって。これは、百田さんの『今こそ、韓国に謝ろう』（飛鳥新社）という本の引用です。

韓国、朝鮮半島に対してはっきり言えるのは、現代韓国人が享受している発展は、間違いなく日本のおかげです。そのまま清やロシアの属国であったならば、搾取されるだけで、発展など夢のまた夢だったはずです。

欧米がアジアやアフリカで行った植民地支配と、日本による朝鮮半島併合は、本質的に違うのです。植民地化と併合の違いははっきりあります。

当時、朝鮮半島は併合を歓迎しています。日韓併合は、国と国との、全く合法的な合邦でした。欧米の、武力による植民地化と搾取とは全く性質が異なります。

日本はアジアに侵略して、民衆を苦しめた…？

東南アジア諸国を侵略して民衆を苦しめた？　苦しめていません。

日本を恨んで反日教育をしている国が東南アジアにありますか？　一つとしてありません。

「東南アジアを苦しめた日本」は、戦後に作られたストーリーです。

フィリピン人の一部は、日本人がフィリピン人を何十万人も殺した、と言っています。それは、事実と違います。何十万人も殺したのは、アメリカです。ドゥテルテ大統領は、アメリカ人がフィリピン人を何十万人も殺したと、事実を正しく認識した発言をしています。でなければ、フィリピンを訪れた安倍総理に対して、彼のような直言居士があんなに親しげな笑顔で話すわけがないでしょう。

確かに日本軍が侵攻したのは歴史的事実の一面です。としても、植民地化や領土化を意図してのものではなく、何百年も植民地支配を続けていた西欧の宗主国を追い払うためでした。

インドをはじめとするアジアの植民地諸国は、宗主国相手に戦争を起こして、これに勝利し、独立を勝ち取りました。大東亜戦争のときに、西欧宗主国をあっという間にけ散らしてしまった日本軍を見て、我々も白人に勝つことができるはずだと、勇気づけられた結果でした。終戦後も東南アジア各地に残留して、共に独立戦争を戦った日本兵が数千人いました。

植民地独立の波はアジアからアフリカにまで波及し、「太陽が没することのない帝国」と豪語していた大英帝国は、膨大な面積の植民地をまたたくまに失ってしまいました。植民地を搾取して栄えたイギリスやオランダ、フランスの上流階級は没落し、中韓とは別の意味合いで、これら元宗主国の古い人には反日意識が心の片隅に残っています。

かつてない日本の危機的状況

北朝鮮には、世界中が困惑しています。核武装国が増えるということは、世界的なパワーバランスが崩れることになりますから。アメリカは、北との落としどころをどうするか、極めて難しい。

トランプ大統領になって、アメリカがやっと重い腰を上げて動き出しました。オバマ前大統領が8年の任期中、結局何もやらなかったから、北の核技術はここまで進歩してしまった。トランプ大統領はオバマ氏の尻拭いをしているようなものです。

こんなに緊迫したときに日本は呑気に、加計学園だの森友だのにかかわっている。安倍総理が金を受けとっていたら致命傷になるけれど、これだけ野党やマスコミが騒いでも、贈収賄の線は一切出てこない。しかし、メディア各社が報じる安倍内閣の支持率は、急激に落ち込みました。野党、マスコミ連合の大勝利です。やはり、大衆は風にのってしまう。テレビに騙されてしまう。今は国をあげて北朝鮮対策を講じなければならない緊急事態なのに、安倍政権の足を引っ張るのに躍起となっている勢力に、国民の目が奪われてしまっています。

北朝鮮の核兵器は、日本にとって大問題です。というのは、アメリカは大陸間弾道ミサイルをやめさせれば、取りあえず自国は安泰なので、そこを落としどころに北朝鮮との直接対話に応じる可能性があります。その場合でも、短距離ミサイルは残ります。日本への核の脅威は、なくならないのです。

北の通常ミサイルは、６００発が日本に向けられているとされます。対して、日本のミサイル防衛は、イージス艦の海上配備型迎撃ミサイル（ＳＭ３）と、地帯対空誘導弾（ＰＡＣ３）で、一度に打ち落とせるミサイルは数発までだそうです。ミサイルは10分足らずで日本に着弾します。何10発か同時に発射されたら、防ぎようがありません。

トランプ大統領が脅しにかかってからは、北はしばらく核実験を停止していました。しかし、9月3日、金正恩氏はついに6回目の核実験を強行しました。

もし、トランプ大統領が「レッドラインを越えた」と判断し、米軍が動き出したら、日本がかつてない危機に陥るのは確かです。

逆に、米軍が今後も何も行動しなければ、トランプ大統領の権威が失墜し、アメリカの内政のみならず、世界情勢が今以上に混乱する可能性もあります。日本は独立主権国家の責務として、それらの危機を想定した上で、いかにして備えるかという議論を、最優先にやらなければならないのではありませんか

11　沖縄を守れ

沖縄は明治政府が19世紀末に清国から奪い取った。日本政府は沖縄人の独立要求を抑え込んでいる。琉球王国住民の大部分は福建省、浙江省の出身。（環球時報）

沖縄独立論？

沖縄県民に対する各種世論調査では、「琉球独立」を望む県民はいずれも10％未満でした。

ただし、中国は虎視眈々《こしたんたん》と沖縄を狙っています。

中国が沖縄に望んでいるのは、独立ではなく、併合です。

中国には、沖縄が中国の領土であるという認識を堂々と主張する勢力があります。その根拠は、明や清などの中華王朝に琉球（沖縄）が朝貢していたという歴史です。中国政府による公式な主張ではありませんが、共産党員やマスメディア、学者や軍人、そして民間にもその主張が広まっています。困ったことに、ＮＨＫはこの主張をサポートする番組を放送したことがあります。あんな番組を放送するようでは、日本の公共放送とは思えません。

２００９年9月、環球時報（中国共産党機関紙・人民日報系）は、次の主張を掲載しました。「沖縄は明治政府が19世紀末に清国から奪い取った、日本政府は沖縄人の独立要求を抑え込んでいる、琉球王国住民の大部分は福建省、浙江省の出身者、言葉も制度も中国大陸と同じ。よって、琉球諸島の中国本土復帰を主張する。」

このように、中国の愛国主義者は沖縄解放を主張し、「沖縄中国論」を展開している。中国政府はこうした動きを黙認しています。

尖閣奪取は、沖縄をとる計画の第一歩です。

だからこそ、尖閣は守りきらねばなりません。

沖縄は今、本当に危険な状況にあります。それは、超が付くほど親中派かつ反米派の、翁長《おなが》雄志《たけし》氏が県知事であることです。

２０１６年９月、中国海軍の艦艇が尖閣諸島周辺の接続水域に初めて侵入しました。従来は海警局の公船が侵入してきていましたが、初めて軍事行動ができる艦艇による領海侵犯でした。官邸は、米国等関係国と緊密に連携を図ること、警戒監視に全力を尽くすことを指示しました。沖縄県石垣市の中山義隆市長も、「非常に強い危機感を持っている」と述べました。対して、翁長沖縄県知事は、一切コメントしませんでした。

中国は沖縄の独立運動を盛り上げて、沖縄を救うという大義名分を嘯《うそぶ》いて併合を目論んでいます。もし沖縄に在日米軍がなかったら、人民解放軍という名の人民弾圧軍があっという間にやってくるでしょう。

翁長知事が先頭に立って進めている米軍基地反対運動

在日米軍基地の74パーセントが沖縄に偏在していると、反対運動は主張していますが、実は、数字の取り方で、まるで違う結果が出ます。

米軍基地は、沖縄の他に、佐世保、岩国、横田、三沢、座間、厚木、横須賀、等があります。これらの基地は、全て自衛隊と共同で使っていて、在日米軍基地の統計に入っていないのです。それらを全部入れて統計をとると、沖縄にある米軍基地の割合は、北部訓練場を半分返還したこともあって、20パーセント以下になります。

私が問題だと思うのは、沖縄の米軍基地の大半は自衛隊と共同使用していないという点です。普天間返還が言われていますが、むしろ那覇を返還してもらって、嘉手納《かでな》に入れてしまえばいいと思う。那覇は自衛隊が使っていますから、嘉手納に入れてしまえば、日米共同使用の基地になります。

地球儀を上（北極）から見てみましょう。すると、アラスカから、北半球のどの国へも短時間で行けることが見て取れます。アメリカはアラスカに何万人もの大軍を置き、大規模な空軍基地や陸軍基地も置いています。沿岸警備隊の拠点もたくさんあります。

アラスカは、宅配便の基地にもなっています。諸外国への配送にこれほど利便性のよいところはありません。かつて北半球の国際線は「アンカレッジ経由便」が非常に多かったです。「アラスカを制する国は世界を制する」という言い方もあるくらいです。

今度は地球儀を横から見ると、沖縄は、アジア全地域に4～5時間で行ける位置にあります。ですから、アラスカと沖縄の二カ所があれば、アメリカは世界の安全保障をカバーできるのです。ですから地政学上、米軍が沖縄から基地をなくすことはあり得ません。

逆に、だからこそ中国は虎視眈々と沖縄併合を狙っているわけです。

沖縄の基地反対運動をやっている連中は、外から来ているプロ市民が多いです。

私は現地取材しましたが、関西弁の人、在日コリアン、純粋な韓国人もしくは北朝鮮人、労働組合、中核派、革マル派、中国の工作員等々、反日勢力が沖縄に大集結している観がありました。

彼らには日当と交通費が出ているという証言が複数あります。それを地上波の東京MXテレビが「ニュース女子」という番組で報じたら、番組や出演者は大変なバッシングにあいましたが、事実は事実です。

必ずしも沖縄の人全員が、基地に反対しているわけではないのです。むしろ米軍基地がなくなると困る沖縄県民もたくさんいる。ところがテレビ局や新聞社は、彼らの声を全国に向けて報じようとは一切しないのです。

12 「愛国心」は右翼用語か？

「愛国心」という言葉がタブーとなっている国は、世界中で、間違いなく日本だけです。

閣僚の靖国参拝反対

安倍首相が２０１３年12月に靖国神社を参拝したとき、アメリカは非難の声明を出しました。「近隣諸国との関係が悪化するような日本のリーダーの行動に、米国政府は失望している」この声明は、当初、アメリカ大使館から出されましたが、その後、国務省声明に格上げされて出されました。国務省は、基本的にリベラルです。

当時、民主党（リベラル系）のオバマ大統領の周囲には親中派と親韓派が集まっていて、アンチ安倍の情報を相当吹き込んでいました、安倍さんは超保守の危険な政治家だと。それで、最初に安倍さんと会った時、オバマ氏は笑顔も見せず、すごくかたい顔をしていました。

彼は恐らく、中国と韓国と日本の違いがわからないほどアジア情勢にうとかったと思っています。

更に、菅直人氏と同じ市民活動家出身で、ワシントンに全然人脈がありませんでした。だからリベラル寄り、中韓寄りの進言を鵜呑みにした気配があります。後に史上最年少の在韓米大使となり、顔を刃物で切りつけられるテロにあったマーク・リッパート氏は、オバマ氏の古くからの友人だそうですが、北京大学への留学経験がある親中派です。そのような中韓寄りの情報を大統領に進言していた一人でしょう。

靖国参拝問題は、朝日新聞が創作した国際問題

靖国神社参拝問題は、朝日新聞がわざわざ作り出した国際問題の一つです。

中国が、靖国参拝を問題視して非難するようになったのは、昭和60年からです。それまで

は、歴代の首相が参拝しても、何も言いませんでした。三木武夫首相が昭和50年の8月15日に参拝したとき、「公人か私人か」という問題が少し出ました。これは推測ですがこの当時から朝日新聞は、いずれ靖国参拝を国際問題化させようと狙っていたのではないでしょうか。

そして昭和60年、朝日新聞記者の加藤千洋氏が「中国、日本的愛国心を問題視」という記事で、8月15日に、中曽根康弘首相が靖国を参拝したことを批判しました。

それから10日ほどたって、社会党の田邊誠氏が中国へ行って中国政府に靖国参拝批判を吹き込み、中国の副首相が初めて抗議の声明を出しました。

以来、靖国参拝を、中国は日本を叩く歴史戦の重点項目としています。

朝日新聞は、いわゆる「従軍慰安婦キャンペーン」の嘘がバレ、2014年8月5日、15本の記事を取消とする旨の社告を出しました。その後、購読者が激減しました。しばらくの間、それまでの左偏向色が若干薄まったように見えましたが、今は再び以前にましての左偏向報道に徹しています。いったん離れた良識派の読者は、もう戻ってこず、左寄思想の読者を確保することでしか生き残る術はないと思い、読者層を定めた模様です。「聖教新聞」や「赤旗」のように、特定思想の読者のための新聞であると見てもよいのではないでしょうか。もはや「社会の木鐸《ぼくたく》」とは決して言えないように思います。

私のアイデアは、トランプ大統領が来日したときに、安倍総理と一緒に靖国神社へ参拝をしてもらうこと。日本軍と一番激しく戦ったアメリカの大統領が、東条英機氏も合祀される靖国神社に参拝すれば、そもそも日本軍と戦ってすらいない中国共産党や韓国から、首相や閣僚の靖国参拝に難癖を付けられる理由は、全部消し飛びますよ。

愛国心をなくすために

京都にある女子大の元学長はカトリック信者で、大学の卒業式や入学式に、京都のカトリックの司教を招いていました。ところが司教が、国歌斉唱のときに起立せず、歌わなかった。学長は、翌年から司教を招かなかったそうです。カトリック系の学校でも、国旗を掲揚し、国歌を歌うのです。

私が初めて日本に来た1971年頃の九州では、祝日には、日の丸をよく見かけましたが、それから年々減っているような気がします。

幼稚園児や小学生に「君が代」を教えない一部の教育委員会や校長は「国歌を歌えない日本人」を意図的に育てているとしか思えません。「国旗、国歌＝軍国主義」という単純なレッテル貼りが日本社会に浸透している現状は、とても不思議に思います。

東京都は、式典での国旗掲揚、国歌斉唱を教育現場に義務付けました。式で起立しない、国歌を歌わない教師が現れ、処罰されました。反日教師があぶり出されたのです。

ある沖縄の市議会議員の娘さんが小学一年生になったとき、音楽の教科書で、「君が代」の楽譜のページの上に、校歌が糊で張られていたそうです。それで、議員さんは市議会や教育委員会に抗議した。二年生になったときの音楽教科書では、国歌はそのまま残っていたそうです。

アメリカが日本と戦って、最も脅威だったのは、日本人の愛国心でした。「生きて凱旋する」ことが目標のアメリカ兵に対して、「死んで国に尽くす」日本兵…。戦場でどちらが強いかは明白です。この強烈な愛国心を日本国民から奪い取って、完全にぶち壊そうとGHQは強く意図したのです。

ですから、「愛国心＝神道＝天皇を拝む＝軍国主義＝頭がおかしい」という図式を、マスコミと教育を使って全国民に浸透させました。かなりの割合の日本人が洗脳されました。恐らく95パーセント以上でしょう。戦後70年以上たっても、この洗脳は日本人にしっかり染み込んでいます。反日教師が教育現場で偉そうに存在していられるのも、この洗脳が行き渡っているからです。

「愛国心」という言葉がタブーとなっている国は、世界中で、間違いなく日本だけです。日本人はこの現実と真正面から向き合ってほしいと思います。

おわりに

日本人の我慢強さと諦めのよさ、潔さ、冷静さ、そして、ある種の楽観主義が同居する興味深い国民性は、自然災害が多いことに関連していると私は考えています。

日本の国土面積は決して広くありませんが、領土は北海道から沖縄まで、東西南北、とても広範囲に位置しています。山がちで高低差も大きいので、雨や雪が降りやすい。急峻な河川もたくさんあります。

しかも、日本列島は複数の海洋・大陸プレートが交わる場所に位置しており、台風の通り道でもあります。地震、津波、火山噴火、干ばつ、台風、河川氾濫、土砂崩れ、大雪、冷害などなど、ありとあらゆる自然災害が日本を襲います。アメリカの国土面積は日本の約25倍ですが、日本よりも頻繁に発生する自然災害といえば、竜巻と森林火災くらいではないでしょうか。

紀元前まで自分のルーツを辿ったときに、家族や親せき、友人を自然災害で亡くした先祖を持たない日本人は、恐らく一人もいないでしょう。このことが、先ほど述べた日本人の国民性の形成に大きく影響していると思います。

自然災害はどれほど強力であっても一時的な現象です。つまり、しばらく我慢していれば過ぎ去ってくれる。それに、大自然が自分たちを酷い目に遭わせたからといって、恨んだり呪ったりしたところで何の意味もない。だから日本人は大自然を崇敬し、酷い過去はさっさと忘れて、一致団結して復旧作業を行い、未来に向けた再スタートを何度も繰り返してきたのでしょう。それが不死鳥のような日本の底力の要因かもしれない。

しかし、人間が原因で発生するトラブルは、自然災害とは全く性質が違います。その典型は紛争や戦争ですが、特に民族や宗教が原因の紛争は、世代を超えて長引きます。私が危惧するのは、日本人は人間が原因のトラブルに対してまで、「しばらく我慢すれば過ぎ去るだろう」と、無意識のうちに期待するのではないかということです。この思い癖がDNAレベルで染みついている印象すら受けます。

自然災害に遭った後の復旧作業には、みんなで力を合わせることが必要不可欠です。仲間外れは恐い。だから日本人は、争い事を避け、対立するくらいなら譲歩しようと考える。目の前のトラブルの種を顕在化させるよりも、先送りしようと考える。その小さな譲歩や先送りが将来、致命的な過ちになる可能性は「見て見ぬふり」するのです。

今、日本の安全保障は、戦後最悪の危機にあるといっても過言ではありません。イギリスの戦略家、リデルハートは言いました。「汝、平和を欲すれば、戦争を理解せよ」と。また、「歴史は繰り返す」ともいいます。戦争とはどのような状況で発生するものなのか、歴史を研究し、現在の世界情勢を直視して積極的に備える必要がある。

ところが日本のマスメディアは相変わらず、奇妙な楽観論を国民に喧伝しています。まさに百田尚樹さんの小説『カエルの楽園』*（新潮社）状態です。このままでは近い将来、日本が再び戦場になる可能性が十分にあることを、本書を通じて私は訴えたかった。

忌憚のない意見や感想を寄せて頂けると、大変うれしく思います。

二〇一七年八月

ケント・ギルバート

＊日本、アメリカ、中国、韓国等の国際関係と日本人の精神状況を、カエルの世界に投影して象徴的に描いた寓話小説。

ケント・ギルバート　Kent Gilbert

1952年、米国アイダホ州生まれ。ユタ州で育つ。70年、米ブリガムヤング大学に入学。翌71年に初来日し、九州を中心に約2年間居住。75年には沖縄海洋博覧会の職員として沖縄県に約半年間居住。同大大学院に進学して、経営学修士号（MBA）と法務博士号（JD）を取得。カリフォルニア州弁護士資格を取得後、国際法律事務所に就職。法律コンサルタントとして80年から東京在住。83年からテレビ番組にも出演。現在は講演や執筆活動を中心に、多忙な日々を送る。

著書に、『まだGHQの洗脳に縛られている日本人』『やっと自虐史観のアホらしさに気づいた日本人』（いずれもPHP研究所）、『儒教に支配された中国人と韓国人の悲劇』（講談社＋α新書）、『日本覚醒』（宝島社）『ついに「愛国心」のタブーから解き放たれる日本人 』（PHP）などがある。

平和の夢に支配された日本人の悲劇
――「ダチョウの平和」をむさぼるなかれ

2017年10月7日　初版発行

著　　者　ケント・ギルバート

発 行 者　植田 剛彦

発 行 所　株式会社 自由社
〒112-0005 東京都文京区水道2-6-3
TEL 03-5981-9170　FAX 03-5981-9171

印刷製本　シナノ印刷株式会社

ISBN 978-4-908979-04-0 C0021

URL http://www.jiyuusha.jp/
Email jiyuuhennsyuu@goo.jp